此书献给热爱学习和关注儿童学习力训练的家长

感谢高岚教授和青籽儿童心理团队

目录

第一章
培养学习力,学习不费力

内驱力 / 004

意志力 / 008

自我管理能力 / 011

记忆力 / 012

逻辑思维能力 / 016

想象力和创造力 / 018

第二章
内驱力,帮助孩子主动学习

保护孩子的内驱力 / 026

让孩子自己去获取经验 / 028

内驱力和边界感 / 031

不要打击孩子 / 033

在生活中培养孩子的内驱力 / 034

第三章

意志力，帮助孩子坚持学习

依恋关系影响孩子的意志力 / 051
能否正确归因影响孩子的意志力 / 059
高要求、完美主义倾向影响孩子的意志力 / 065
家长的焦虑影响孩子的意志力 / 069

第四章

自我管理能力，帮助孩子计划学习

从他律过渡到自律 / 074
2 ~ 12 岁孩子的心理发展 / 076
6 ~ 8 岁孩子自我管理能力培养 / 081

第五章
记忆力，帮助孩子高效学习

善用艾宾浩斯遗忘曲线 / 102
相关记忆法 / 105
关键词记忆法 / 109
情景记忆法 / 114
多感官记忆法 / 117
变形记忆法 / 118
拆分记忆法 / 120
游戏记忆法 / 121

第六章
想象力与创造力，帮助孩子快乐学习

注重培养孩子的想象力与创造力 / 129
第一种态度：学会尊重孩子 / 132
第二种态度：要克制参与 / 135
第三种态度：鼓励孩子自由创作 / 137
从无到有法 / 138
由点到面法 / 140

由点到面法升级版 / 142
由零件到整体法 / 145
自由创作法 / 147
变废为宝法 / 150

第七章
逻辑思维能力，帮助孩子科学学习

加强左脑训练，提升逻辑思维能力 / 156
了解孩子认知发展阶段 / 158
培养分类能力 / 168
发展归纳能力 / 171
发展假设和验证能力 / 174
培养逻辑思维能力 / 177

第一章

培养学习力，
学习不费力

学习力是一种什么样的能力？这种能力对孩子来说重要性究竟在哪里？家长应该如何帮助孩子提升学习力呢？

通俗来讲，学习力就是一个人学习的能力。

我把学习力分成了两大部分。

一部分是可训练的能力。

比如，记忆力、运算能力、逻辑思维能力、操作能力、创造力和想象力等。

这些能力经过不断地重复训练会有所提升，能力的提高与重复训练是相关的。

比如，孩子小的时候不会乘法口诀，你问他3×3等于几，他不会，但是当你告诉他1次、2次、3次……，反复训练后，他就会了。这种能力经由反复训练后可以获得。

另一部分虽然不是训练出来的能力，但它可以被父母影响而培养出来。

比如，内驱力、意志力、自我管理能力、情绪管理能力、团队合作能力。

这些能力的形成过程比较复杂，它不是通过重复训练就可以获得的，而恰恰是在孩子和家长的一次次互动中，在彼此给予对方的感受与反馈的基础上形成的。所以说，这些能力是被影响出来的。

总体来说，学习力包括六大核心，分别是内驱力、意志力、自我管理能力、记忆力、逻辑思维能力、想象力和创造力。

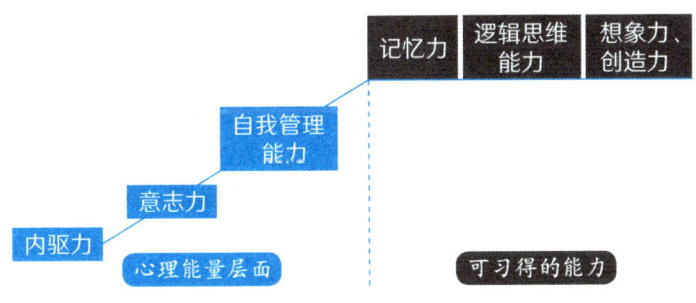

学习力的六大核心

内驱力

内驱力,即内在驱动力。内驱力是让我们主动去做某件事情的能力,也可以叫主动性。

在日常生活中,很多家长经常抱怨:"孩子学习不自觉、不主动做作业,不提醒他,他就不知道自己要干什么!"这说的就是内驱力的问题。

内驱力是怎么来的

我们从儿童发展心理学的角度来回顾一下孩子的发展。

1岁半到3岁是自主性发展的重要阶段,这时孩子会自发地想要去做一些事情,比如,自己走路、自己吃饭等。

如果孩子此阶段的自主性得不到家长的支持，被家长限制，不让他自己做的话，他就会发脾气，不配合家长对他的其他要求。

这个年龄段的孩子最喜欢说"不"。"不"的后面隐藏着一个心理诉求——我要做主，这事儿我要自己说了算！

<u>自主性发展起来后，孩子才能发展内驱力。</u>

这就好比孩子先要确定一个目标，然后他才会调动自我的能力去达成这个目标。

如果一个孩子连自主性都没有，那他肯定什么都不想做，就更谈不上做事情有内驱力了。

但自主性究竟是怎么来的呢？

当儿童开始认识这个世界时，他会对所有未知的东西都充满了好奇。<u>好奇推动了他的自主性，自主性又推动了他的内驱力，这是一条发展线。</u>所以，我们要知道，维护孩子的好奇心是非常重要的。

内驱力是怎么发展的

内驱力是在孩子 3～6 岁的时候发展起来的。

这个时期的孩子会主动地做自己想做的事情，想

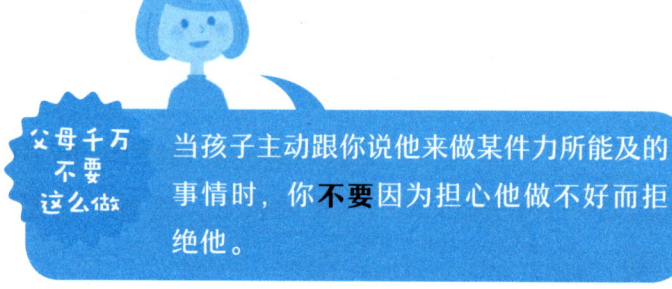

> **父母千万不要这么做**
>
> 当孩子主动跟你说他来做某件力所能及的事情时,你**不要**因为担心他做不好而拒绝他。

要帮你扫地、擦桌子。比如,你在洗衣服,他说:"我也要洗。"你可能会嫌他添乱,说:"你赶紧走吧,不要在这里给我添麻烦。"

如果这种情况一直出现,孩子一直被限制、被打压,那么孩子就没有办法发展出内驱力了。

这时候,孩子会产生内疚,觉得是自己不好,什么也做不了,那就什么都不做了,爸爸妈妈说什么就做什么吧。

此外,这种内疚感还会让孩子对自己的能力充满怀疑,结果就变成了非常被动地生活,做什么事情都不情不愿,但也不会抗拒父母。

这样,当孩子上了小学后,他可能就会出现下面这些情况:起床要你叫,作业要你催,戳一下动一下，不戳就不动，让人很抓狂。

事实上，这不只是学习上的事情，等他长大后，他也会很苦恼，不知道自己想要什么。因为他的自主性、内驱力早在很小的时候就被扼杀了。

内驱力在学习中非常重要，没有内驱力，孩子会学得很痛苦，家长也会特别抓狂。

在0～6岁阶段，我们一定要重视培养孩子的内驱力。如果错过了0～6岁，我们要怎么激发孩子的内驱力，让孩子主动学习呢？我们会在下一章详细介绍。

意志力

意志力是指一个人自觉地确定目的,并根据目的来支配、调节自己的行动,克服各种困难,从而实现目的的品质。

意志力有两个非常重要的特点:<u>一是要有目标,二是能够克服困难完成目标。</u>

前面提到的内驱力(主动性),就是指一个人有一股力量驱动自己去完成想做的事情。内驱力的首要条件就是有目标,这一点并不难实现。

在现实生活中,我经常听到家长说:"我的孩子呀,他有目标,想提高成绩,也想做这个、做那个,可是一遇到困难他就不做了。"

听上去这个孩子似乎很有主动性,他想主动去完成一件事情，这是有内驱力。

如果这件事情完成起来并不难，完成的过程中比较顺利，他就能做完。

但是，只要完成这件事情的过程中有一些困难，他就没有办法继续下去，会退缩。这种情况就是我们常说的意志力不够。

"挫折教育"和意志力的误区

很多家长热衷于实施"挫折教育"，他们认为，面对孩子时，他做得好不能表扬，因为表扬会让他骄傲自大。一定要找到他做得不完美的地方，然后告诉他："你还有成长的空间，你并不是做得最好的那一个，一定要做到极致。"

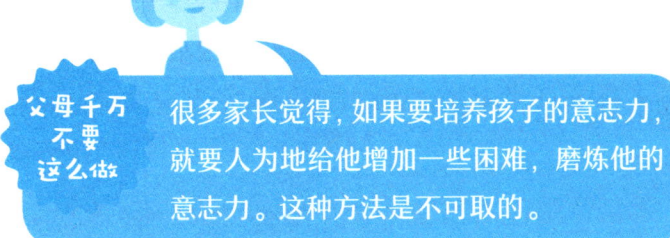

父母千万不要这么做：很多家长觉得，如果要培养孩子的意志力，就要人为地给他增加一些困难，磨炼他的意志力。这种方法是不可取的。

这种情况大家应该非常熟悉吧？也许家长是这么想的："不能让他骄傲自满，要让他谦虚谨慎，然后不断地改进，不断地对自己提出要求，这样才能取得更好的成绩。"

事实上，如果我们这样做，就会培养出一个对自己没有信心的孩子。他无论做什么都会觉得自己做得不好，内心充满了对自己批评的声音。

这样的孩子长大后是非常痛苦的，他常常因为害怕达不到完美效果，而不去做某件事情，放弃很多机会。所以，这不是培养意志力的方法，而是一个误区。

意志力与孩子的依恋类型有关，也与我们在培养孩子的过程中，对孩子取得成绩或者孩子失败的归因有关。我们会在"意志力，帮助孩子坚持学习"一章详细介绍。

显而易见，意志力对孩子来说是非常重要的品质。如果一个孩子遇到一点儿困难就会退缩，那么我们可以想象，他在学习上也是非常困难的，因为学习本身就不是一件容易的事儿。

自我管理能力

自我管理能力是指一个人能够有目的地对自己的行为、思想进行控制的能力。

自我管理能力的发展要经历一个由他律到自律的过程，也就是一开始需要一些外在的力量，让孩子知道什么是可以做的，什么是不可以做的，我要在什么时间做什么事情，如何去设定目标、达成目标，在有冲突的情况下知道如何去控制自己的行为。

怎样培养孩子的自我管理能力，让他有计划地学习呢？我们会在"自我管理能力，帮助孩子计划学习"一章详细讨论。

记忆力

大家都知道,记忆力对学习有多么重要,如果一个人什么都记不住,那还怎么学习呢?

学习就像盖房子一样,需要一块砖、一块砖地垒上去,前面的知识就是后面知识的基础和铺垫。如果昨天学的今天就忘了,那就没法再进行明天的学习。所以,良好的记忆力会帮助一个人在学习上事半功倍,而记忆力差自然会导致学习事倍功半。

很多家长会觉得记忆不就是背吗?多花点儿时间,多练几次,然后多背,那不就记住了吗?

当然,不停地重复对记忆来说是有效的,但这是一个笨办法。

我们都知道,随着年龄的增加,孩子们的学业压力会越来越大,要记忆的东西越来越多,但孩子们一天的时间是固定的,在这24小时里,他要上课,要睡觉,还要吃饭,此外还得有一点儿发呆的时间,否则他的心理会出现问题。剩下的时间如果都用来背东西的话,其他事情可能就做不了,甚至连写作业都没时间了。

所以,增强孩子的记忆力,对于提升学习效率来说是非常有意义的。想要知道如何增强记忆力,我们就必须先了解记忆的过程。

记忆的过程

第一步,编码:把收集到的信息进行编码。

第二步,存储:把这些编码的信息存储在大脑里。

第三步,提取:在需要的时候,把这些信息从大脑里提取出来。

编码、存储、提取这三步也可以换一种方式来理解。

第一个过程是识记，这是记忆最开始的阶段。比如，"田"字与"日"字不一样，多了一竖，把这个新的字识别出来并记住了，这就叫识记。

第二个过程是把这些记忆的经验放在大脑里，让它保持更长的时间。

第三个过程，我们要再现大脑里的信息，包括回忆也是一个再现的过程。下次再看到一个"日"字里加了一竖的字，就知道它是"田"，这才算真的认识了"田"字。

我们要增强记忆力，就得通过记忆的过程来增强。比如，我们在进行编码时，可以快速地记住这些信息，而不是死背，这就是技巧。

此外，还有一个非常关键的技巧，那就是我们怎样才能把短时记忆变成长时记忆。

什么是短时记忆？短时记忆就是我们存在脑子里最多不超过1分钟的记忆。

很多家长特别喜欢跟孩子说："你这个脑子是用来干什么的？我刚说过的话就忘了，当时还跟我说得好好的，你是不是骗我啊？"

其实他没骗你，短时记忆就是这么短。所以，怎样把短时记忆变成长时记忆就非常重要，因为短时记忆只能帮助我们在当下记住了，但很快就会忘掉，在要用的时候这些信息就没有了。

增强记忆力是需要方法的，我们将在"记忆力，帮助孩子高效学习"一章详细讨论。

逻辑思维能力

什么是逻辑思维能力？这里我举几个例子，你一看就明白了。

比如，我们在学习数学时做证明题，都会写"因为，已知条件……，所以，我推论出结果是……"。

这就是一个逻辑思维的过程。

凡是和推理有关的能力，都是逻辑思维能力。

此外，和概念有关的能力也是逻辑思维能力。

比如，小学数学中有一个公式是：长方形的面积等于长乘以宽。那么，我们只要知道一个长方形的长和宽，就能算出它的面积。

根据一个概念，然后得到一个结果，这就是逻辑思维能力。

从具体学科学习来看，逻辑思维能力与所有的理科类学习是息息相关的。

如果你的逻辑思维能力一塌糊涂，那你在学理科的时候就会非常困难。

有的孩子在学习物理的时候，完全是用背的方式来学习的，这就很难提炼出结果与已知之间的关系，导致他在理科学习上困难重重。

想象力和创造力

想象力是人们在已有形象的基础上，在头脑中创造出新形象的能力。

比如，当你说起汽车，我马上就想象出各种各样的汽车形象。因此，想象一般是在一定知识积累的基础上完成的。

创造力，是人类特有的一种综合性本领。创造力是指产生新思想，发现和创造新事物的能力。它是成功地完成某种创造性活动所必需的心理品质。它是知识、智力、能力及优良的个性品质等复杂因素综合优化构成的。

想象力只存在头脑里，每个人都可以有各种奇奇怪怪的想法和天马行空的思考。

创造力是要将想法和思考转化成现实，是把想象中的东西变成实际可操作的东西的一种能力。

所以说，一个人如果只有想象力，没有创造力，那永远只是个空想家。

想象力、创造力和学习的关系

当我们看到眼前的一张图片或者一幕场景时，大脑中就会浮现一些有趣的相关场景，这就是想象力。

如果你能把这个场景画下来，或者用语言表达出来，这就是创造力。

所以说，**想象力和创造力常常是结伴而行的**。此外，**想象力与形象思维能力也是密切相关的**。

在未来时代的挑战中，想象力和创造力是非常重要的能力。

近100年来，社会发生了巨大的改变，这些改变都是和想象力与创造力相关联的。比如，网络购物、手机支付、无人驾驶汽车等，这些在几十年前是难以想象的，但现在都出现了。正是因为人类对可能性的不断探索，对创造力的足够尊重，才让生活发生了如此多的变化。没有想象力和创造力，就没有我们这个时代的进步。

想改善记忆力,有时候需要一定的想象力和创造力参与。比如,你要背一段文字,但实在记不住,此时就要运用想象力,把它想象成一幅画,把它画下来,或者找出内容之间的逻辑关系,把它们用思维导图的形式列出来。这些对记忆材料的后续加工,需要个体的想象力与创造力。

学习力是一种综合能力,这种能力会伴随人的一生。

希望各位读者通过这本书,不仅学会帮助孩子提升学习能力,同时也在实践中提升自己的学习能力。

本章重点

❶ 学习力分为两部分：一部分是可训练的能力，如记忆力、逻辑思维能力、想象力和创造力等；另一部分是被父母影响而培养出来的，如内驱力、意志力、自我管理能力等。

❷ 意志力对孩子来说是非常重要的品质。如果一个孩子遇到一点儿困难就容易退缩，那么我们可以想象，他在学习上也是非常困难的。

❸ 一个人如果只有想象力，没有创造力，那永远只是个空想家。

第二章

内驱力,帮助孩子主动学习

先来测一测自己对儿童学习的认知。你认为儿童的学习是从什么时候开始的?

Ⓐ 上了幼儿园

Ⓑ 上了小学

Ⓒ 婴儿期

儿童的学习并不是在上学后才开始的,学习其实是与生俱来的一种能力和行为。

当孩子开始对这个世界好奇的时候,他就开始了自己的学习之旅。

好奇心会促使孩子去了解一些事情,并深入探索这些事情。

当孩子有这样的想法时,他就发展出了自主性;当孩子自己决定想做什么的时候,他就会主动发展出一些能力来完成这件事情。

当然,因为这个阶段的孩子能力有限,他要完成这些事情就需要父母的协助。

所以,儿童的内驱力其实是在很小的时候,甚至可以说在他只能用眼睛感知、用双手去触碰和探索这个世界的时候,就已经开始发展了。

好奇—自主—主动,这是一条发展线。

父母可以这样做

当孩子对身边的世界产生好奇心时,他可能会每天向你提很多问题,此时,父母要耐心倾听并且认真回答。如果答不上来,父母也可以带孩子一起寻找答案,要像孩子一样对这个世界保持好奇心。

保护孩子的内驱力

很多孩子没有内驱力,其实是因为他在成长过程中受到了太多的打击、否定与批评,他的声音没有被听见,他的努力没有被看见,于是他放弃了自主权,在生活与学习中变得非常被动。

有的家长也许会觉得我讲得有点儿夸张,说:"怎么会呢?我们都是很尊重孩子的呀!"

我们一起来看这个故事:

有一个孩子,早晨起来后坐在餐桌边,妈妈问他:"你想喝什么?""妈妈,我要喝果汁。"妈妈看了他一眼,说:"早晨起来要喝牛奶。""不,我就要喝果汁。"过了一会儿,妈妈端着一杯热牛奶放在他面前,对他说:"来,快喝吧,喝热牛奶。"

看完这个故事,你有什么感想呢?

在这个故事中,妈妈看上去用了民主的形式询问孩子想喝什么,但结果是孩子的声音妈妈根本听不到,妈妈的脑子里只有自己的想法,孩子说什么其实并不重要。

这样长期下去,孩子慢慢会知道妈妈的提问只不过是想让自己说出妈妈想听的答案。

如果孩子想让妈妈满意,他就会慢慢丢失自己真实的感受,因为这种真实的感受不允许表达出来,表达出来也没有人能听到,除非用非常激烈的方式,如拒绝喝,才能顶住妈妈不断劝说的话。但这种行为对孩子来说是非常困难的,因为在孩子心目中,被权威认可是很重要的事情。

父母千万不要这么做
- **不要**用自己的想法代替孩子的想法。
- **不要**阻止孩子发表不同意见。

让孩子自己去获取经验

先看下面这个故事:

妈妈带着 4 岁的女儿去买凉鞋,女儿看上了一双鞋底比较薄、上面缀着花、带一点儿小跟的凉鞋,可是妈妈看上了另外一双鞋底比较厚、无跟、运动款的凉鞋,觉得穿这样的鞋走路比较舒服。

> **如果是你,这个时候你会怎么做呢?**
>
> Ⓐ 按照孩子的喜欢,买她看上的。
> Ⓑ 劝孩子听从你的,买你看上的。
> Ⓒ 直接买你看上的。

这件事情是我自己亲身经历的。当时，我和女儿在买哪双凉鞋上无法统一意见。她一定要买她喜欢的凉鞋，我想劝她买我看上的，就以我看上的这双鞋穿在脚上更舒服为理由来劝说女儿。过了好一会儿，女儿回了我一句话："我是小孩子，我才知道小孩子穿什么样的鞋会舒服。"当时我就愣住了，仔细一想，这句话很有道理，因为鞋是她穿，只有她知道什么样的鞋才是最适合她的。于是我放弃了自己的想法。

这件事情对我触动非常大，当时的我也觉得自己是一片好心，用自己的经验来告诉女儿什么是舒服的，但我忘了那只是我的经验，不是她的经验，女儿需要拥有她自己的经验。

还有一件事也发生在女儿上幼儿园期间，那时她特别喜欢一双带着花边的袜子。上海的春天，头天晚上洗完的袜子，第二天是干不了的。可是，有一天早晨她一定要穿这双没干的袜子去上学，因此和家里的阿姨吵了起来。我听到后，就允许她穿着那双袜子去上学。晚上回来的时候，她说："这个潮湿的袜子呀，穿在脚上非常不舒服，以后呢，我再也不穿任何潮湿的东西了。"

你看，这就是生活带给她的经验，不需要你给她讲道理。

其实，在早晨的时候，阿姨给她讲过这个道理，但是她根本听不进去，因为她没有这样的体会，那个体会是阿姨的。而现在，这个体会才是她的。

父母可以这样做：在确保安全的前提下，给孩子机会自己去探索并获取生活中的经验。

内驱力和边界感

有时候,我们需要放手,让孩子去积累经验和体会,那才是他从生活中学到的。

家长们常常会有太多的担心,比如,担心孩子穿一天潮湿的袜子会感冒。事实上,如果孩子的体质比较好,穿一天潮湿的袜子对他不会有太大影响。

当时,我也问过女儿:"潮湿的袜子让人这么不舒服,你挺难受的吧?"她说:"我后来把它给脱了。"

你看,其实孩子也是会想办法来解决问题的。最重要的是,他会有一种体验,那就是在大多数的时候,他的生活是可以由自己来选择和控制的。

当然,不是所有的事情都是他能选择与控制的。如果是突破边界、影响到周围人的事情,那是不被允许的。

> **父母可以这样做**
>
> 孩子可以在一定范围内拥有选择权,与什么事情都由着孩子的性子,这两者之间的区别,家长们一定要分辨清楚。

比如,无缘无故不去幼儿园,这是不可以的;抢别的小朋友的东西,这也是不可以的。

孩子需要发展内驱力,但是如果他做了错误的事情,也需要感受内疚,这样才有利于边界感的建立。但是总体上来讲,主动感要多于内疚感。

所以家长要知道,培养孩子的内驱力,3～6岁是一个非常关键的阶段。

在这个阶段,家长要倾听孩子的声音。

如果事情只涉及孩子自己,那么不妨允许孩子自己做决定,哪怕你知道他去做这件事情后会吃苦头。孩子有时候是需要吃点儿苦头的,因为无论苦与乐,这些都是他自己的体验,体验积累多了才能够汇聚成他的经验。

不要打击孩子

> **小测试**
>
> 如果孩子吃苦头了,家长要不要说:"你看看你,不听我的话,吃苦头了吧?"
>
> Ⓐ 不需要。
>
> Ⓑ 当然要敲打一下他。

其实家长是不需要这么说话的,因为孩子吃了苦头,他就知道接下来该怎么做,不需要你再去帮他提炼和总结。你说这样的话事实上就是在打击他。

仔细品味这样的话,它隐含着一层意思:"你错了吧?你不听我的,这下知道错了吧?你可不如我,你超越不了我!你今后听我的就好。"长此以往,孩子就又变成习得性无助了。

在生活中培养孩子的内驱力

我们要在生活中培养孩子的内驱力。

如果你看到孩子非常有意愿去学习做一些事情,那么你就大胆地鼓励他去做。

比如,你在洗衣服时,他也要洗衣服,这个时候该怎么办呢?那就鼓励他好好洗,给他一个盆、一件衣服,让他去洗。不要去追求洗衣的结果怎样,我们只要创造条件让他去做就好了。

在做的过程中,孩子自然会去寻求一个比较好的结果。

如果他来寻求帮助,问你:"你怎么能洗干净,我怎么洗不干净?"这个时候你再教他,给他示范,这既是一次很好的亲子互动，也很好地保护了孩子的内驱力。

有时候，孩子并没有寻求帮助的意思，我们就急着插手去教他了。

当家长这么做的时候，那件原本非常有趣的事情就变得无趣了。孩子会觉得很没劲，什么都得听家长的，于是他就不想做了。因此，家长要非常小心地呵护孩子的内驱力。

在一开始的时候，洗完衣服就是目标，而不要把衣服洗干净作为目标。慢慢地，等孩子动作熟练以后，我们再将洗干净衣服定为目标。

制定目标不仅要具体，而且要根据孩子的实际情况来制定。

如果孩子处于学知识的阶段，那你一定要非常小心地呵护他学知识的内驱力。也就是说，我们要把重点放在从不会到会的过程中，而不是把重点放在孩子考了多少分上。因为这样的目标对于孩子来讲太早了，很容易破坏孩子学习的兴趣。

在学习中，我们给孩子积极的反馈就是：原来你不认识这个字，今天认识了这个字。

父母千万不要这么做
- 不要把重点放在孩子的考试分数上。
- 不要破坏孩子的学习兴趣。

允许孩子为自己做主,去体验由此带来的各种感受

在生活中,我们要允许孩子为自己做主,比如,可以让他自己决定穿什么样的衣服、吃什么样的东西。当然,不是说所有东西都允许他吃,而是指在健康范围内的食物可以任由他选择。

虽然你知道他做的某些决定一定会让他吃苦头,但你也要允许他去吃苦头,这就是他自己的体验,他有了体验后才会积累出自己的经验。

行为—体验(感受)—我的经验,孩子正是一次次通过这样的过程,积累个体对自身及世界的经验。孩子对生活的控制感正是来自自己的经验积累,最重要的是这些经验必须是他自己的,因为只有自己体验过的,才能转化为个体的能力,在下一次类似场景出

现时，孩子会很自然地知道要如何处理。

在成长过程中，孩子遇到新的困难，他就会从自己已有的经验库中搜索组合资料。所以，孩子的每一次尝试，无论结果如何，都有利于他扩充经验库。

如果我们担心孩子受挫，强迫孩子按照成人的意愿行事，孩子唯一的经验就是听成人的话。这种状态下，孩子的自我就很难发展，因为没有孩子这个主观的"我"。

如果有一天，孩子发现成人无法解决问题，而自己又没有生活带给他的资源，他就会陷入恐慌中，产生一些退缩行为，可能会表现为不去上学或出现抑郁状态。

如果你能够在生活中允许孩子为自己做主，让他多积累自己的经验，孩子的内驱力就能得以培养。

等孩子上学后，其实你不用花太多心思，只要不过于强调学习，不破坏他对学习的兴趣就可以了。他会被内驱力推动着完成自己该完成的任务。

培养学龄阶段孩子的内驱力

如果孩子已经超过了3~6岁这个年龄段，而孩子在3~6岁时，你恰恰又没有很好地培养过孩子的内驱力，比如生活中包办太多，打击太多，基本上不听他想说什么、做什么，而经常让他去听从你的指令，那么孩子的内驱力可能就已经被破坏了。

如果孩子的内驱力被破坏了，等他上学后，让他主动学习是有困难的，这时该怎么办呢？

◆ 家长需要对自己多一点儿觉察

家长需要对自己多一点儿觉察：我到底有没有听到孩子说的话？

有时候，我们虽然在听，但心里想的都是"我怎么纠正他""他哪里说得不对"。如果是这样的话，家长就没有办法看到孩子这个活生生的、与自己并不一样的个体。

我们还是先从生活中的细节开始，比如，在周末的时候，孩子决定去看什么电影、去哪个餐馆吃饭，或者说找哪个同学去玩，你有没有在他提出意见后干预和纠正他？或者给他讲很多道理就是为了让他听从你的安排？

如果我们这样做，那么孩子就会放弃自主权。一个连自主权都没有的孩子，就更没有内驱力了。

家长要改变对孩子的态度

如果家长的态度是帮助孩子发展自主性和内驱力，那么其实在2～6岁时，孩子自主性和内驱力的特质就已经形成了。

如果在2～6岁时没有形成这个特质，那说明我们在早期教育中前进的方向就已经偏了，现在需要调整过来。

出现教育方向的偏差，通常是家长在与孩子的互动中依然处于无意识状态所致。这种情况有两方面的原因：

一是我们可能被自己的恐惧所控制，会担心孩子不听我们的，担心他会吃亏、会受累、会生病、会把事情搞砸等。

当我们这样想的时候，我们就只能看到自己想要什么，而没有能力看到孩子想要什么。我们经常会不断地给孩子讲道理，然后把自己认为对的东西强加在他身上，他慢慢地会失去自己的体验。这样下去孩子可能会很听话，但没有活力，也可能会变得很不配合，总是和我们对着干，因为他不舒服。

二是因为有些家长过于追求完美，不能接受孩子

> **父母可以这样做**
>
> 家长需要对自己多一点儿觉察,多倾听孩子,不要总想着孩子有什么不对,以及怎么纠正孩子。

从不会到会之间的混乱过程,对孩子批评太多。

我们需要知道,不是每个孩子天生就能把一件事情做得那么好的,他需要经过不断的训练与提升。有些家长过于追求完美,也很难承认自己需要改变,但如果不改变自己的完美主义,孩子就很容易被打击得失去内驱力。

◆ 改善亲子关系

从现在开始,我们要先调整目标,不能期待孩子在很短的时间内培养出内驱力来,需要给自己和孩子充足的时间。

很多家长希望孩子在学习上有内驱力。对家长来说,最头疼的莫过于孩子写作业不主动,下面我们就来讨论一下如何培养孩子在写作业这件事情上的内驱力。

> **小测试**
>
> 孩子放学回来，你说："你先写作业。"他说："我现在不想写作业，我想先玩一会儿。"这时候你的选择是：
>
> Ⓐ 对他说："不行，你必须先去写作业。"
> Ⓑ 对他说："听我的，玩5分钟，然后写作业。"
> Ⓒ 问孩子："你打算玩多久？"然后协商一个玩的时间。

你有没有听到他的声音？他想先玩一会儿，我们要不要把这个安排时间的权力还给他？

要！

第一步，听到孩子的声音。

第二步，调整我们的期待。

或许你对孩子有某种期待，比如，他玩10分钟就赶紧开始写作业。但你要记住，这只是你的期待，不是孩子的期待。你并不知道孩子想玩多久。那怎么办？

第三步，我们要和孩子对话。

"你想玩多久呢？""一会儿？""一会儿是多久？10分钟还是20分钟？"

这就涉及时间管理，我们在对话中就把时间概念带进来。这时候孩子一定会选择玩的时间久一点儿——20分钟。你可以跟他说："好的，到20分钟的时候，妈妈会来提醒你。"

这就是清晰、具体的目标。我们在和孩子协商的时候注意目标一定要清晰和具体。

20分钟到了，这时候你就要提醒孩子该写作业了。

你也可以和孩子有一个仪式，比如，每次写作业之前吃一个苹果，或者喝一杯水，或者做一件他喜欢的事情，做完就开始写作业。这也是一个心理上的转换，让孩子通过某种方式进行转换。

在这个过程中，你不能只想着自己的目标，也要评估一下孩子想玩多久，然后给他一个比较能够接受的目标。

过程的管理也是如此，你依然可以和孩子商量，你打算写多久作业呢?是半小时,还是40分钟?

让他自己来定,定了以后你只需要做一件事情——到时间后就去提醒他休息,或者给他设定闹钟,提醒他休息。

你也可以让他自己来决定今天的作业先做什么再做什么,每一部分要用多长时间。当然,一开始他定的目标可能与实际完成情况会有较大的偏差。

这时候怎么办?

不要嘲笑他,也不要打击他,比如说:"你看你这定的是什么呀?"而要耐心地和他讨论:"哎,好像今天这个目标我们没有实现,那你明天打算怎么办呢?你有什么办法可以让自己的计划和实际完成的相匹配呢?"

父母可以这样做 改善亲子关系,一定要学会怎样跟孩子沟通,也要学会通过提问去促进孩子思考。

这些问题要让孩子自己去想，他自己想出来的方法，才是真正有效的方法。

◆ 给孩子积极的反馈

如果孩子今天制订了一个计划——半小时把作业做完，结果他用了40分钟才做完，这时你要给孩子一个怎样的反馈呢？

积极的反馈就是你可以跟孩子说："你可以自己来制订计划了。"

当你这样说的时候，孩子就会有信心去调整他的计划。

如果第二天他给自己制订了一个计划——今天的作业用半小时做完，结果他花了35分钟才做完，那你怎么给他反馈呢？

这时积极的反馈应该是告诉他："你今天的这个计划和你实际完成的时间只差了5分钟，有进步。"

我们的反馈一定要非常具体，而且要引领他走向未来。

未来是什么？未来就是他要越变越主动，这才是积极的反馈。

> **父母可以这样做**：在孩子写作业的时候，家长要尽量减少对孩子的负面刺激。

有些家长喜欢跟孩子翻旧账，跟孩子说："这件事情你怎么会搞成这样呢？"

孩子到底是哪里出错了？这时候与其翻旧账，不如跟孩子一起讨论，下一次怎样做才能做得更好。

是翻旧账，还是讨论未来怎样改进？这其实是一个能量的走向，是看你要把他的心理能量引向何处。

当你一直翻旧账的时候，你的能量就停留在过去；当你想象未来的时候，能量就流向未来。

尽量减少对他的负面刺激

很多家长在孩子写作业的时候，会急于纠正孩子的行为，这就成了眉毛胡子一把抓，没有重点了。

我们要知道，培养孩子学习的内驱力是最重要的事情。至于他的字写得是不是特别规范，他写作业的时候身体是不是坐直了,他有没有在那里转笔玩……这些都是次要的事情。

我们需要让孩子感受到他对学习的掌控感,那就要让他用自己的方式来学习。

人们改变一个行为模式其实是很困难的,所以家长不妨先试试能不能改变自己的行为模式。如果你可以,那么你的孩子就一定可以!

本章重点

❶ 制定目标不仅要具体,而且要根据孩子实际的情况来制定。

❷ 改善亲子关系,一定要学会怎样跟孩子沟通,也要学会通过提问去促进孩子思考。

❸ 很多孩子没有内驱力,其实是因为他在发展过程中受到了太多打击、否定与批评,他的声音没有被听见,努力没有被看见,于是他放弃了自主权,在生活与学习中变得被动。

第三章

意志力，帮助孩子坚持学习

> 你家孩子有下面这些情况吗？
>
> **A** 他有自己的目标，如果事情比较容易，他就能完成。一旦事情有难度，他就坚持不下来。
>
> **A** 报学习班时总是吵着要报，等到开始学习后，学不了多久，他就会想放弃。

这两种情况都说明了孩子意志力薄弱。

意志力有两个要素：一是确定目标，二是付出努力完成目标。

关于目标的设定，我们在下一章"自我管理能力，帮助孩子计划学习"中会详细讨论。这一章我们就怎样实现目标展开讨论，我们先假设孩子都是有目标的，也就是说都有自主性。

依恋关系影响孩子的意志力

依恋关系跟我们的安全感息息相关。

如果一个孩子的安全感不足,则可能会影响到他的意志力。

要理解这一点,我们需要理解依恋关系是怎么被界定的。

心理学上有一个非常著名的实验,叫作陌生情境实验。

通过这个实验,研究者发现,如果一个孩子和他的主要照料者形成了安全型依恋关系,那么当这个照料者在的时候,这个孩子就会非常有意愿去探索,去玩那些对他们这个年龄段来说有一定难度的玩具。

当照料者离开后,他们会哭泣着寻找照料者,这时候他们不再探索那些新的玩具，而是选择熟悉的玩具。

当照料者回来后，他们就会变得非常开心，然后继续去寻找那些难的玩具并探索怎么玩。

如果儿童和他的主要照料者形成了不安全的依恋关系，那么他们只愿意去玩那些对他们来说比较容易的玩具、熟悉的东西，面对不熟悉的东西，他们就不愿意去探索。

通过实验，我们会看到孩子对外探索的行为和依恋关系是有关联的。

孩子只有在感到稳定、安全的时候，才会愿意向外探索；当他在探索的过程中遇到困难时，他常常要退回来去寻找让自己感到安定的那个人。

因此，孩子一遇到困难就会哭着去找妈妈，当找到妈妈，妈妈抱起来安抚他一下，让他感到自己的情绪被接纳、被理解了，他又安全了，他才会继续探索。

小测试

你带2岁的孩子到楼下玩,他挣脱你的手往前跑,突然摔了一跤,膝盖正好碰到台阶,蹭破了皮。这时候你会怎么做?

Ⓐ 你把他扶起来说:"宝宝摔痛了吧?来,妈妈看看。果然破了,疼吧?没关系,妈妈给你处理一下。宝宝不怕,有时跑得太快就看不清楚脚下的路,下次慢一点儿。"

Ⓑ 你非常紧张地把他扶起来说:"让你自己跑,看,摔了吧!"

Ⓒ 你站在他身后,平静地说:"自己起来吧。"

选择 A:当你这么做的时候,你镜映①了孩子的感受与情绪——痛和害怕。这时候,孩子会觉得自己

---

① 镜映:指在镜子里映出自己的形象。婴儿的第一面镜子通常是母亲。比如,当婴儿与母亲互动时,如果母亲充满喜悦地看着孩子,孩子也会从母亲的情绪状态和充满爱的眼神中,感觉到自己是值得被爱的,这是婴儿对自己最初的感受。这种感受来自母亲这面镜子,母亲在婴儿成长的过程中就起到了镜子的作用。

被理解了,知道摔跤不是一件羞愧的事,并且学会通过控制速度来平衡身体。等他平复下来,他就可以再次向外探索。

选择B:当你这么做的时候,你向孩子传递了一个信息:他自己要做的事情是做不好的,感受到没有做好自己想做的事情而带来的羞愧感。如果羞愧感积累得越来越多,他就没有勇气继续向外探索,开始怀疑自己的能力,会认为探索外面的世界很困难。

选择C:当你这么做的时候,你完全没有关注到他的情绪情感。孩子的情绪没有被看到、被镜映,这不利于他辨识自己的情绪情感,也会让他觉得有情绪是一件不好的事情。时间久了,他容易回避自己的情感。

养育者不同的态度会传递给孩子不同的感受

在做法A中,孩子会拥有一种控制感,即我可以控制我自己,有能力适应与协调外界的环境。孩子会对外界产生一种信任感。

如果主要抚养人的情绪状态是非常焦虑的,孩子遇到一点儿困难回来找他,他比孩子还要紧张,那么孩子就会觉得外面的世界都太难、太危险了，我不要去，去的话会遇到很大的困难，我控制不了。孩子就会退缩，会感到羞愧，从而不愿意去想办法与外界互动。

意志力有个很重要的特点——遇到困难，想办法去解决困难。

如果这个孩子觉得外在世界充满危险，自己又能力不足，他自然会选择不去解决困难，表现出来就是没有意志力。

所以，只有家长允许孩子在探索新事物的过程中一次次"犯错"，并且不把这个"犯错"当成错误，而是当成一个探索的过程，孩子才能在任何情况下都敢于去尝试。

举个例子，如果你去攀岩，下面什么保护措施都没有，旁边的人说："你有能力爬得更高。"你敢往上爬吗？不敢，因为你知道，一旦摔下来，可能会摔伤，甚至危及生命，所以你只敢爬到掉下来不会受伤的位置。

如果下面做好了防护，铺了很厚的垫子，虽然你对自己能不能攀到顶峰感到怀疑，但看到这么安全，

父母可以这样做 允许孩子在探索新事物的过程中犯错,这样才能激励孩子在成长的路上勇于尝试。

可能你会想,那就试一把吧。

情绪稳定的家长就如同这些垫子,让孩子在成长的路上勇往直前。情绪稳定的家长也常常容易与孩子构建安全的依恋关系。

评估孩子是安全型依恋还是非安全型依恋

很多家长会说,那我怎么知道孩子是安全型依恋,还是非安全型依恋呢?

简单来说,你可以通过观察孩子和同学的人际互动来判断。

比如,一个孩子在学校里很渴望和同学交朋友,他会把自己的东西送给同学,但同时又会说同学不好,通过语言和行为来攻击同学,那么,他的依恋关系就不是安全型的依恋关系。

还有一种孩子,他回避和同学交往,没有朋友。通常来讲,他的依恋关系也是非安全型依恋关系。

从孩子是否能够拥有稳定的友谊这一点上,我们大概可以推断出孩子是否为安全型依恋类型。

如果你的孩子是非安全型依恋关系,那么你要做的第一件事情就是改善与孩子的关系。

生活中常见这样的情况,孩子从小被爷爷奶奶或者外公外婆带大,他们和老人建立了很好的关系。到上学的时候,父母把孩子接回自己身边,开始管孩子的学习。

这时父母就会在孩子身上发现很多缺点,然后就会非常性急地开始纠正孩子的缺点,这常常会带来亲子之间的剧烈冲突。

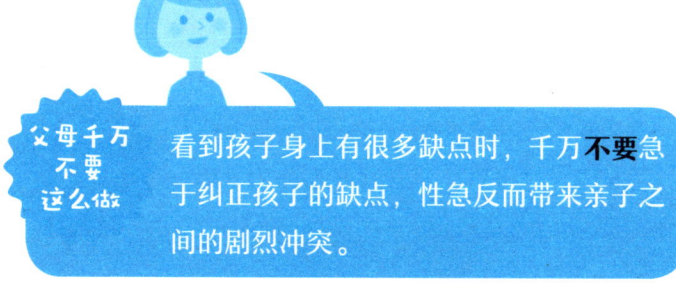

父母千万不要这么做：看到孩子身上有很多缺点时,千万**不要急**于纠正孩子的缺点,性急反而带来亲子之间的剧烈冲突。

这时我们要做的第一件事情，不是培养孩子的意志力，而是改善与孩子的关系。

大家要记住，孩子只会为了他爱的人而改变。

如果孩子认定你是不爱他的，那么无论你说什么，孩子都会解读成你是在指责他。尽管你是为他好，最后也只能是两败俱伤。

能否正确归因影响孩子的意志力

虽然我们说探索能力与依恋关系有关,意志力又与探索能力有关,但也不是说所有具备安全型依恋关系的孩子都有意志力,这就需要提到发展中的另一个要素:归因。

> **小测试**
>
> 测测你的归因习惯属于哪一种。
>
> 你的孩子平时考试大多在 80 多分,但这次考试考了 95 分,你会怎么说?
>
> A 你这次运气太好了,是不是老师出的题碰巧你都会?
>
> B 嗯,我知道你有这个能力。

什么是归因？归因就是我们把做成或者做不成一件事情归结为什么样的原因。

上面测试题中两个选项就是两种不同的归因方式。

一种是我们把做成事情的原因归结为自己的能力，选项 B 就是这种情况。

如果我们把成功归因为能力强，那孩子就会为了增强能力而不断付出行动。如果我们能力越强，那么问题解决起来就会越容易。

孩子一旦有信念，并且决定通过积极行动如读书、写作业、锻炼身体，挑战那些从来没有做过或还没有达到目标的事情，来增强自己的能力时，意志力自然就产生了。

另一种是归因为运气，选项 A 就是这种情况。

如果把成功归因为运气好，那么孩子就不知道该如何付出行动，因为运气是不可控的。

慎用夸奖词，避开归因的误区

生活中常见的归因误区有哪些呢？

我们经常会听到父母对孩子说："宝贝，你好棒哦！""宝贝，你好聪明哦！""你考了100分，你真聪明啊！"其实，这样夸孩子并不好，家长应该谨慎使用"棒""聪明"之类的夸奖词。

为什么呢？打个比方，如果你说孩子很聪明，孩子也认定自己很聪明，但是他上学后，突然有一天发现自己有一道题做不出来，而他旁边的同学做出来了，这时他就会对自己产生怀疑，没有办法接受这种状况。他觉得自己如此聪明，这道题竟然没有解出来，内心可能会充满自责，整个人会被一种强烈的情绪所吞没。

要知道，当我们被某种情绪吞没的时候，我们是根本没有心理能量去想办法解决困难的，会完全沉浸在自己的情绪里。

这种情况下，孩子可能会变得歇斯底里，当然这是很极端的情况。但也可能有些孩子就会产生畏难情绪，不想去做更困难的事情。因为如果他做不成功，就会证明自己不够聪明。

因此，我们在使用这类词的时候要非常注意。如果家长把孩子的好成绩归因到那些虚无缥缈的东西上，孩子不知道该做出什么行为就能变得聪明或者变得很棒。他只看到，只有达到那个结果，才能证明自己"聪明""很棒",可是他并不知道路径是什么。这类孩子的心就很不稳定,就像飘在空中一样。

如何正确归因

如果孩子失败了,我们该怎样归因呢?

我们要把这个失败归因为孩子不够努力,这样孩子就会看到,有一条路在那里,只要努力就会成功。

但是,我们又该如何告诉孩子什么是努力呢?答案是一定要具体化。

比如,我们可以跟孩子说,你每天都要主动把作业做完,能够自己检查、自己订正。遇到不会的题目,能主动寻求父母帮助,这就是努力。

> **父母可以这样做** 对于什么是努力,父母一定要非常具体地给出答案。

这个例子就是在明确地告诉孩子什么叫作努力，这是对概念的界定。

很多家长在教育孩子的过程中，对一些概念从来不做任何界定，这样就很容易讲一些概括性的、抽象性的话，结果就是孩子会很迷糊。

比如，"你要认真听讲"这句话就很抽象，不如改为："你坐在教室里，眼睛要看老师，耳朵要听老师在讲什么，你的小脑袋要跟着老师讲的话去思考，这就说明你在认真听。"

再如，"你要努力"不如改为："你做完一道题后，要搞清楚为什么是这样的解题思路。""当你处理不了一件事情时，你要去寻求其他人的帮助。"

我们将成功归因于能力较强，将失败归因于不够努力，这样孩子就会形成一个概念：我要做更多的练习，通过努力搞清楚每一道题，提高自己的学习能力。

当孩子遭遇失败的时候，他会知道，坚持努力就会有回报。这就是我们说的意志力。因为孩子知道有一条路在那里，只要坚持，就能达到目的。学习如此，其他事情也是如此。

在这里，我还要提醒一些家长，我们鼓励孩子努力，但也要就事论事，有时候要帮助孩子认识到，每个人的天赋是不同的，有些事情即使你很努力，也不一定做得最好。我们要接受这一点，那些小学阶段发展比较顺利的孩子，在进入初中阶段后，最好提前做一点心理建设。

品质一旦形成，就会成为个人的特质，它不仅能帮助我们更好地学习，而且会帮助我们解决困难。

父母千万不要这么做

- 对于什么是努力，父母**不要**只讲一些概括性的、抽象性的话，这样会导致孩子迷糊。
- **不要**把成功归因于聪明。

高要求、完美主义倾向影响孩子的意志力

学习需要过程

当一个孩子学习新技能或者新知识的时候,他不可能一学就会,也不可能一做就做得非常好。孩子的学习需要一个过程,因此我们要给予孩子充足的时间去尝试,让他从不会到学会一点儿,再到比较熟练,最后完全掌握。

比如,从来没有写过字的孩子,当他刚开始写字的时候,你会看到他很努力、很认真,但是他写的字和你写的字不一样,对吧?他再认真也不可能像你写得那么漂亮。

这有两个原因：

一是他手部的力量还不足以支撑他很好地去用笔。

二是他对字的结构还不够熟练，不知道怎样用笔写出漂亮的笔画。

当你看着他歪歪扭扭的字时，你要怎么做呢？

你应该给予他鼓励，告诉他："你写的是太阳的'太'吧？我看出来啦，噢，你都会写'太'字了。"

我们要鼓励孩子不断地去尝试做这件事情。这样孩子也会体验到成就感："哇，我把这个字写出来了，现在可以写另外一个字了。"

现实中，有的家长会跟孩子说："你这写的什么字呀，全趴在地上了。"我们不能指望孩子一下子就把字写得那么好，对孩子来说，那个要求可能是他能力达不到的。

另外，他还需要练习的时间，逐渐积累经验，从而拥有这种能力。

让孩子获得控制感

我们要记住，只有孩子自己体验到的，才是他的经验，才是他可以应用的。你的经验再好，也未必适用于他。

> **父母千万不要这么做**
>
> 那些有完美主义倾向的家长,可以要求自己完美,但一定**不要**在孩子开始学习的时候就要求结果完美,而是要给他更多的尝试空间。

当你要求他一定按照你的方法来做的时候,其实他就失去了一个自我探索的机会。

反思一下,我们在努力克服困难达成目标的过程中获得的那种美好感觉是什么?那就是自己的控制感。在这个过程中我可以控制一些事情:我做了什么,这件事情有什么样的改变。

孩子探索到行为与结果之间的对应,这就是一种可控感。这种可控感在儿童成长的过程中非常重要。

改变自己的心态

还有一些家长喜欢嘲弄孩子,无论孩子做什么,他们都会用一种开玩笑的口气跟孩子说:"哎呀,你这么小,不要来掺和这些事情。"

如果我们总这么做，孩子的内驱力就没有了。

有些家长总会在孩子努力想办法解决困难的时候泼冷水："这个办法不行了吧？我都跟你说过，你看你偏不听。"

这些家长是抱着怎样的心态呢？

这些话语的背后其实是："你离不开我，你得听我的，我才是最能干的。"

如果你愿意抱这样的心态，那你就不需要培养孩子的意志力了。孩子没有意志力，必然一切服从于你。所以，不经意的行为常常会反映出我们真实的意图。当然这是无意识的，我们可能从来都没有觉察到。

如果你有这样的心态和说话习惯，那就把它改过来。

你要扪心自问，你想不想让自己的孩子变得强大，强大到有一天他离开你也可以独立生活。

有些家长在无意识里其实是不想让孩子变得强大的，因为变得强大就意味着他有能力离自己而去。

但是，在意识层面，家长又特别期待孩子能够学习好，遇到事情可以自己解决。这样的家长事实上已经构建了一个矛盾，孩子就会出现发展不太顺畅的现象。

家长的焦虑影响孩子的意志力

意志力就是我们在和孩子日常互动中相互影响训练出来的。

影响孩子意志力的因素除了前面讲的三个外,还有一个因素是家长的焦虑值。

如果家长在遇到困难的时候,变得特别焦虑,好像这件事情如果我做不到天就会塌下来一样,那么,这种焦虑就会传染给孩子,孩子会对未来充满各种恐惧,也许就会导致他不敢去尝试。

家长要常常问自己,如果这个困难解决不了,最糟糕的情况是什么?而不是一下就进入一切都没希望的状态。

家长最常见的焦虑就是孩子的成绩,常挂在嘴上

父母千万不要这么做：在遇到困难时，家长千万**不要**过于焦虑，因为家长的焦虑情绪会影响孩子的成长，导致他不敢尝试。

的话便是："如果孩子成绩不好，这一辈子都完了。"

真的一辈子都完了吗？当然不是。

我们要做的是面对困难思考该怎样解决问题，然后把思考变成行动，去尝试不同的方式，并考虑最坏的结果。

做好这些后，当面对失败时，我们也不会自责、失望和懊恼，因为我们已经付出了所有的努力。

在这个过程中，即便是失败，也会给我们带来一些新的体会和经验。

这种状态自然而然地会影响到孩子，孩子也会知道，有困难没关系，这本来就是生活。我们要做的就是努力去找到解决困难的方法，并付诸行动。

本章重点

影响意志力的因素有以下4个：

❶ 依恋关系：如果你与孩子是非安全依恋型，请先改善关系。

❷ 归因：将成功归因为能力较强，将失败归因为不够努力。

❸ 不做要求完美的家长，放心让孩子尝试。

❹ 降低自身焦虑，面对困难，而不是放大困难。

第四章

自我管理能力，帮助孩子计划学习

从他律过渡到自律

自我管理能力是一个人能够有目的地对自己的行为、思想进行控制的能力。

孩子的自我管理能力培养要经历一个从他律到自律的过程。

他律是指依靠父母权威的督促和帮助,被动地遵守一定的规则,或者在协助下能按照计划去完成任务。

在他律的阶段,孩子需要他人的帮助。

当这个阶段顺利度过后,孩子才会进入自律的阶段,自律就是自己来管理自己。

他律阶段和自律阶段的发展有一个前提——自我意识。

大家是否还记得，前面我们提到孩子从 2 岁开始发展自主性，3 岁开始发展内驱力。

一个人的自我意识是从 2 岁开始发展的，自我管理就是我要管理自己，如果这个人连"自己"这样的意识都没有，就根本谈不上管理。

所以，自我管理非常重要的一点就是孩子的"自我"要得到发展。

父母可以这样做：尊重孩子的发展规律，在孩子 2 岁左右，家长要帮助孩子发展好自我意识，为将来自律的训练奠定基础。

2～12岁孩子的心理发展

2～5岁自我意识培养

在孩子2～5岁的时候,我们要有意地培养他的自我意识。在"内驱力,帮助孩子主动学习"那一章里,我已经讲过怎样培养自我意识,大家可以再去看一下。

2～5岁的孩子已经形成了自我意识,他知道有一个"我","我"是与其他人不同的,可以决定自己想做什么事情,可以想办法去完成自己想做的事情。

孩子首先得有自我意识,才能谈如何管理行为达到目的。

> **父母千万不要这么做**
> - 在陪伴孩子写作业时,父母**不要**指望孩子一上小学就能自觉学习,自己就可以完全撒手不管。
> - 父母**不要**管得过于精细,这样会让孩子失去内驱力。

6～8岁进入他律阶段

到了6～8岁的时候,儿童从心理发展上进入他律的阶段,这刚好是儿童进入小学低年级的时候,所以说小学一二年级是一个非常关键的阶段。

作为父母,我们不能指望孩子一上小学就能自觉学习。"你随便学,我什么都不管你",这是个误区。我们不能完全撒手不管,但也不能管得过于精细,因为这样会让他没有内驱力。

我们要明白,在儿童阶段,家长的任务是协助孩子形成自我管理能力。

什么是协助?协助就是家长与孩子一起探讨,给他展示如何做,陪伴他走这个过程,直到他可以离开你的帮助，自己完成。

当孩子顺利度过他律阶段后，之前我们跟孩子共同行动的过程就会内化到他的心中，成为他自己开展行动的方法与策略，这就变成了自律。

8～10岁进入自律阶段

在8～10岁，孩子会进入自律的阶段。如果家长在之前的陪伴做得好，那么后面就会比较轻松。

小学一二年级陪孩子学习的目的是什么？

目的是通过陪学，让孩子学习如何管理自己的行为、情绪，完成这件事情；而不是让家长当老师，天天告诉孩子"你字写得不好""你学习总是不专心"，这就是抓小放大了。

10～12岁进入巩固自律公平阶段

儿童到了10～12岁，会进入一个巩固自律公平的阶段。

在这个阶段，孩子已经可以自己管理自己了。

孩子已经形成一套内在标准，这时他会用这个标准要求别人。如果他有弟弟妹妹，他会用这个标准去要求弟弟妹妹。

如果这样，家长就比较轻松了，相当于把老大培养好了，弟弟妹妹就归老大管了！

如果没有弟弟妹妹，孩子就会用这个标准来要求家长。

比如，通过家庭的约束，他养成了上床后不看手机的习惯，上床前把手机放在外面客厅里，不带进卧室。如果你把手机带进卧室，他就会问你为什么要把手机带到卧室，会反过来督促你。

一个自我管理能力比较好的孩子，一定会在生活中或者在学校中努力去维护自己的内在标准，他所有行为都是有良好自我管理能力的最终体现。

比如在学校，如果孩子有自我管理能力，他会知道在上课的时候要听老师讲课，而不是去说话。如果他看到其他孩子上课说话，可能就会去纠正那个孩子。

如果自我管理能力不好的孩子，他上课时可能无法控制自己的行为；在家里，睡觉前他把手机放卧室外面了，等大家都睡着了，他可能会把手机拿进自己的卧室，背着家长玩手机。

家长自我管理能力对孩子的影响

自我管理能力对孩子的影响非常大。同时,家长的自我管理能力也会影响到孩子能否发展出自我管理能力。

如果家长的自我管理能力很强,就很容易协助孩子发展,同时还可以在这个过程中,和孩子一起维护自律的公平性。

父母的言传身教非常重要,如果家长的自我管理能力比较差,自己天天在家看手机、打游戏,却要求孩子不打游戏,好好学习,孩子也很难做到。

父母可以这样做:培养孩子的自我管理能力,家长要以身作则,要求孩子做到的事情,自己要先做到。

6～8岁孩子自我管理能力培养

在孩子6～8岁进入他律阶段时,我们应该怎样协助孩子培养自我管理能力呢?

我送给大家三个字母——"WWH"。

讨论目标

◆ 第1个"W"代表 WHAT

这是指我们要和孩子讨论:要做什么?目标是什么?

目标的设置要注意什么?

首先要具体化。

> **小测试**
>
> 你的孩子每次练琴 30 分钟，你希望他延长练习时间，你会怎样跟他说？
>
> Ⓐ 下次练 60 分钟。
>
> Ⓑ 下次多练一会儿。
>
> Ⓒ 下次你想练多长时间？我觉得下次可以练 35 分钟。
>
> Ⓓ 下次练 31 分钟。

如果你的选项是 B，这个目标是不具体的。

其次是目标的可实现性。

目标的可实现性，是指通过评估孩子的能力，知道他通过努力是可以实现这个目标的。

如果你选 A，他平时练 30 分钟，下一次目标是 60 分钟，这对他来讲很难实现。

如果目标遥不可及，他可能就没有动力去做这件事情，因为反正也实现不了，何不"躺平"呢？

所以，我们在制定目标的时候，一定要基于孩子的现实状况，可以与孩子一起来制定适合孩子的目标。

切记不要制定过高的目标。目标过高,孩子容易放弃;但是目标过低,比如选D,对孩子来讲,太容易实现,也无法激发他奋斗的动力。

但是有一个例外,如果孩子已经到了厌烦乐器的程度,他已经不愿意学习,此时如果再从练琴时间的角度来制定目标,就不要把时间设定得跟目前时间相差太大。

比如,他这次练30分钟,你就告诉他下次练35分钟就是进步,通过这样的小目标来增强他对自己的信心。

制定目标的时候,一定要全面考虑孩子的现状,通过他对学习的兴趣和对这项学习内容的投入状态来确定目标。

另外,**制定目标要以孩子为主,要先了解孩子自己的期待**,在孩子的期待上去帮助孩子调整目标,而不是单一地由家长来定目标。

我们一定要知道,孩子实现自己设定的目标与实现家长给他设定的目标,感受是完全不一样的。

前者,他完成了自我实现——我想做什么我做到了。这里包含强烈的自我意愿的实现。

> **父母可以这样做**
>
> 在制定目标时,我们一定要基于孩子的能力,可以跟孩子一起制定目标。

后者,我完成了这个任务,但我只是一个执行者,完成的是别人的意愿。我是没有控制权的,不能有自我意愿,这种感觉是很难受的,不利于孩子建立自信。

确定时间

◆ 第2个"W"代表 WHEN

这是指什么时候完成目标。

比如阅读,很多家长会跟孩子说:"你睡觉前必须把这本书看完。"

这个时间节点就很不具体,什么叫具体的时间节点呢?

比如,现在是4:30,那6:30要把书看完,这就是具体的时间节点。一定要有一个具体的数字,给孩子具体的截止时间点。

当然,确定时间是要考虑任务量和孩子个体能力的。别的孩子 1 小时能看完一本书,然后你给自己孩子也定个时间节点 1 小时,要求孩子 1 小时把书看完,那对他来讲也许就会比较困难,因为他平时看一本书可能要 3 小时。

这种情况怎么办?

你可以今天给他定 2 小时 50 分钟把书看完,同时,一定要记得和他确认是否可以做到。

这虽然是很小的一步,但因为有这个确认,事实上你就是在推动他对自己的期望,激发他的内驱力。

我们必须清楚,孩子才是学习的主体。

小测试

如果你和孩子确认时间的时候,孩子说"我做不到",你该怎么办?

Ⓐ 说服他,让他按照我的安排来。

Ⓑ 鼓励他,让他加把劲儿。

Ⓒ 问问他,他觉得自己什么时候可以完成。

这个测试放在这里，大家可能都知道要怎么选，但在生活中，我们常常变成题中的说服者。

当我们费尽心思要帮助孩子，但被拒绝或否定的时候，我们会有挫败感。一旦我们陷入挫败感里，就很难"看见"孩子了。

如果我们是一个促进者，这时就要听听孩子对自己的期待。

当然，我们可以在孩子的期待上鼓励他缩短一点儿时间，而不是一上来就鼓励他可以做到。

如果我们在生活中总是选 A 和 B 的话，孩子就会很明白，其实他不用发表想法，因为发表了也是无用的，听你的就好。这种情况下孩子很难完成内化的过程。

在既定的时间内实现目标

◆ 第 3 个 H 代表 HOW

这是指我们怎样在某个时间节点内实现既定的目标。

"HOW"让我们把大脑中的想法转变为可以实现

的路径,我们可以用各种方式把路径具象化。

大家可以用自己的方式来列出目标和时间,最简单的就是制作表格,也可以用下图这种形式。

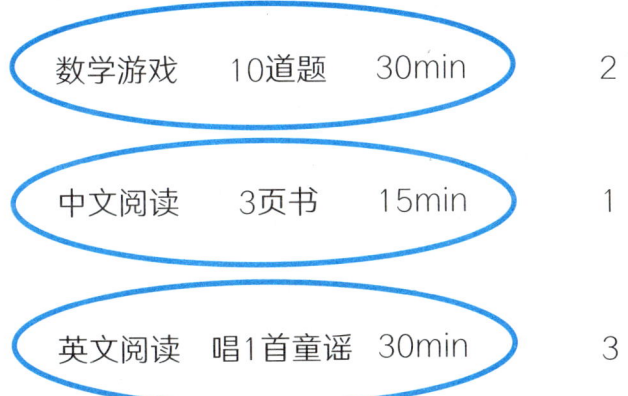

在上面这幅图中,我先把学习任务罗列出来,比如,数学游戏有10道加法题目的闯关,中文阅读要读3页故事,英文阅读要唱1首英文童谣。

然后与孩子一起为各项工作分配时间,具体化,把完成目标所需的时间写在后面。

接着再讨论完成这些任务的顺序,低龄孩子建议从易到难,这样孩子看到自己能顺利完成任务,容易产生成就感,后面标上完成的序号。

> **父母可以这样做**　完成任务后及时在这张图上把任务划掉。一定要让孩子看到自己的成就！

我强调一下,这个方法适用于小学低年级的孩子,孩子上初中后就不能这样了,因为学习任务重了,有多学科的作业,孩子需要在每门课后面再细化任务。

另外,我们不建议长时间沉浸在单一学科的学习中,因为对于孩子来说,过于单调的学习内容会使得大脑疲惫,这时最好各科学习穿插进行。

与孩子一起规划学习时间

与孩子一起规划完今天的学习时间后,如果发现学习时间较长,就要考虑拆分时间段。

比如,规划学习时发现孩子今天的学习要用1小时15分钟才能完成,但孩子不可能这么长时间一直学习,因为他的注意力不能持续那么久。

我们可以把中间休息的时间分配进去,每做完一部分任务，休息10分钟，中间可以插入两次休息，这样整体所需时间变成了1小时35分钟。

然后我们再安排20分钟的机动时间，机动时间做什么用呢？

如果学习任务偏难，会超出原定的计划，就会用到机动时间。如果我们需要复习一遍刚刚完成的学习任务，也会用到机动时间。

这是教孩子学会把学习任务量和时间匹配起来，是"HOW"的一部分。

把休息时间加在前面的规划中

"HOW"的另一部分是什么？另一部分是处理学习过程中可能会出现的各种情况。

比如，孩子在中文阅读时遇到不认识的字，怎么办？

不妨和孩子约定，让孩子自己先读一遍，把不认识的字圈出来，在机动时间里，就问爸爸妈妈，再跟爸爸妈妈一起查字典。

这样做可以帮助孩子形成风险评估的概念，而这种能力也会让孩子在未来的学习、工作中受益。

很多成年人在规定的时间内不能完成任务，常常是因为风险评估能力不够，工作过程中一旦出现意外情况就会抓狂。

把机动时间考虑进去，调整学习计划

"HOW"还有一部分就是要有一点儿弹性时间。

孩子在休息的时候，可能会和你讨论一些事情，到学习时间了他还没讨论完，他很希望把事情讨论完，这时我们也可以再给他一些时间，不用太教条。所以，这个机动时间也是一个弹性时间。

对于小一点儿的孩子，我们可以用沙漏来帮他计时；对于大一点儿的孩子，我们可以给他定闹钟；再大一点儿的孩子，我们就不需要帮他计时了，他自己会看钟表上的时间。

◆ **在自我管理能力训练中，家长是促进者**

在训练孩子的自我管理能力时，家长不是做个图表贴在那里就没事了，我们还要做一件更重要的事情，那就是陪伴与引导。

我们要看看在训练的过程中，孩子遇到了什么困难。结束后，我们可以和孩子一起讨论。

还记得第二章提到的如何反馈吗？

我们要避免对孩子说："你真笨，我发现你动作好慢啊！"这就是一个消极的反馈，容易让孩子失去自信。

我们可以问孩子："你对今天的完成情况满意吗？""今天我们超时了，你有什么想法？""你获得了什么经验？"

要记住，在孩子的自我管理能力训练中，家长是促进者，不要直接帮孩子做总结。

这里再强调一下，我们需要的是与孩子沟通，通过提问促进孩子思考。孩子自己思考出来的东西，才是他自己的经验。

当孩子顺利地完成了任务，家长可以对孩子说："你做得很好，你有能力管理好自己。"

大家可以注意到，这句话中有一个归因——管理好自己是因为我有能力。

父母千万**不要**给孩子消极的反馈，这样会导致孩子失去信心。

当我们这么说的时候,其实是给了孩子一个暗示:你是可以管理好自己的。

我给大家讲一个故事。

1968年的一天,美国心理学家罗森塔尔和L.雅各布森来到一所小学,说要进行一项实验。

两位心理学家从一至六年级各选了3个班,对这18个班的学生进行了"未来发展趋势测验"。

之后,罗森塔尔以赞许的口吻将一份"最有发展前途者"的名单交给了校长和相关老师,并叮嘱他们务必保密,以免影响实验的准确性。

其实,罗森塔尔撒了一个"权威性谎言",因为名单上的学生是随机挑选出来的。

8个月后,罗森塔尔和助手们对那18个班级的学生进行复试,结果奇迹出现了:凡是上了名单的学生,成绩都有了较大的进步,且性格活泼开朗,自信心强,求知欲旺盛,更乐于和别人打交道。

心理学上把这种现象叫作罗森塔尔效应。

老师们认为这些孩子智商高,因此对他们表现出更多的兴趣,相信他们可以学得更好。孩子们接收到这样的暗示,就会真的实现老师们的期待。

所以,重要的是,你是否相信孩子有能力管理好自己。

我女儿小的时候,我有时候会出差,有时候会回老家看父母,可能一个星期都不在家。我每次离开家之前都会跟女儿说:"你要管理好自己。"然后在回来的时候,我也会对她说:"你把自己管理得真好,能力很强啊!"

代币法帮助孩子更好地自我管理

针对那些自我管理有困难的孩子,我们可以在督促他们按照计划完成任务的时候用到"代币法"。

代币法的使用方法如下。

比如,你今天能够顺利地按照计划完成任务,可以记 1 分,或者贴一朵小红花。积够 10 分或者 10 朵小红花,就可以换一件喜欢的玩具。当然,这都是要提前跟孩子讲好的。

假如孩子积够 10 分,他不去换玩具,而是继续积分,那他积到 20 分时就可以换一个更好的玩具。

这样的奖励方式可以让孩子主动养成管理自己的行为习惯、达成目标的品质。

自我管理能力训练中的注意事项

前面我只是以独立阅读为例子,来说明家长应该如何协助孩子形成自我管理能力。

事实上,自我管理能力要从生活中开始培养。

比如,要求孩子自己起床,自己整理书包。观察一下,孩子几点起床,给他定闹钟,闹钟响一次他能不能起来?如果不行,需要响几次?这些都要在生活中不断地调整与总结。这就是我们提到的"H"的部分。在自我管理能力训练中,做任何事情都可以用"WWH"的方式。

同样,自我管理能力也不是一天两天就形成的,我们需要一段时间,可能是一年,也可能是两年。

> 父母可以这样做
>
> 家长需要和孩子一起去接纳这个自我管理训练过程。一开始它是混乱的,甚至是不可控的,慢慢地才能变得有序、可控。

这个过程中最重要的就是如果制订了计划,但是孩子没有按照计划执行,家长会是什么态度。

如果你很愤怒,觉得这个计划很失败,有强烈的挫败感,那么这种挫败感就会影响孩子,他会觉得这件事情不好玩。

但是,如果你能静下心来理性地和孩子一起分析,那我们就能找到计划没有完成的原因,也会知道接下来该怎么做。

本章重点

❶ 自我管理是一个由他律到自律的过程。

❷ 家长的自我管理能力会影响到孩子。

❸ 用"WWH"法教会孩子自我管理。

❹ 运用积极心理暗示与代币法来促进孩子内化自我管理行为。

❺ 家长对过程的包容性非常重要。

第五章

记忆力，帮助孩子高效学习

前面我们谈到内驱力、意志力和自我管理能力的形成，这三种能力其实都是在和孩子的互动过程形成的，既与孩子在成长过程中的感受有关，也与家长自身的心智状态有很大关系。

从本章开始，我们将讨论另外三种能力——记忆力、想象力和创造力、逻辑思维能力，这三种能力是可以由家长帮助孩子训练出来的。家长只要懂方法，就很容易做到，对家长个人的心智状态并不会有太高要求。

本章中，我们先来讨论记忆力，讨论怎样才能快速并且长久地记住我们学过的知识。

记忆有三个过程，第一个过程是编码，第二个过程是存储，第三个过程是提取。

在记忆的第一个过程——编码中，我们可以对需要记忆的内容做一些工作，帮助自己更好地识别内容,并把它存储在大脑里。

下面我给大家分享一下我自己总结的一些方法。

在分享之前,我要强调一下,虽然我们是在探讨如何提高孩子的记忆力,但主要还是针对高效学习,并不是为了让孩子训练出超强大脑,去参加记忆大赛。

大家在电视节目中都看过记忆力挑战的游戏,游戏中会显示一堆无序的数字或者文字,需要嘉宾看一遍就马上记住。显然,本章的目标并不是要训练孩子达到这种效果,因为我不希望把孩子变成一个记忆机器,而是希望孩子记住的内容是有意义的。

善用艾宾浩斯遗忘曲线

记忆分为瞬时记忆、短时记忆和长时记忆。

瞬时记忆是指个体通过各种感官受到刺激所引起的短暂性记忆。当刺激停止时,信息在感觉中保留时间最多不超过2秒。

瞬时记忆是大脑对感觉信息还没有进行心理加工,即人们还没有意识到所感知的事物就忘了,比金鱼的记忆还要短。因为金鱼的记忆有7秒,人的瞬时记忆只有2秒。

短时记忆是指存储时间最多不超过1分钟的记忆。

比如,你打电话时,临时查找了一下对方的电话号码,记住后立即拨出去,这就是短时记忆,因为你不需要一直记着这个电话号码。

长时记忆就是我们信息的存储时间在1分钟以上，直至一生的记忆。

大多数长时记忆也是可能会被遗忘的，不过，这种遗忘的信息在适当条件下是可以再现的。

比如，你学过的知识、背过的古诗，可能随着时间流逝你忘记了，但再看一遍就可能回忆起来。所以，我们在学习时要努力把短时记忆变成长时记忆，这是我们学习时要做的功课。

我建议大家利用艾宾浩斯遗忘曲线来巩固好所学的知识。

艾宾浩斯遗忘曲线讲的是遗忘进程是先快后慢的。

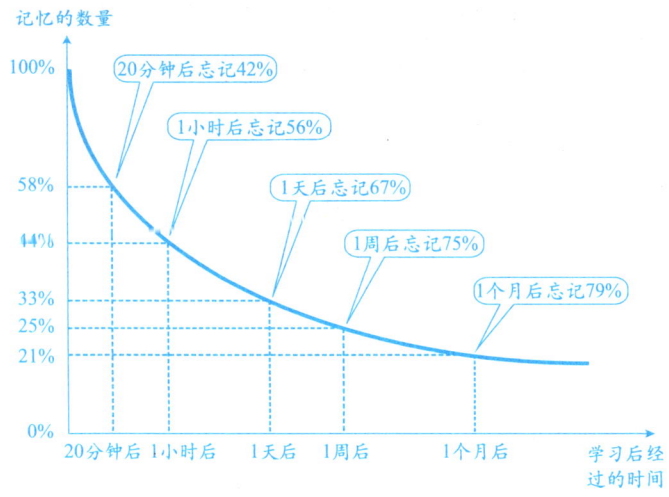

这个曲线告诉我们，在学习20分钟后，遗忘率会达到42%，也就是说，我们刚刚学了一个知识点，20分钟后就忘了将近一半，但是剩下的那些知识忘起来就会比较慢。学习一个月后，遗忘率达到79%。如果我们不及时复习学过的知识，31天后，就会忘记80%。

这个曲线告诉我们，学完后应该赶紧复习。

小贴士

这里介绍一个巩固课堂知识的记忆技巧。

下课后，我们坐在座位上，可以在脑子里过一遍这堂课讲了些什么，只要抓住几个点就好了。比如，数学课上讲了哪个公式？语文课讲了什么内容？英语讲了哪些单词？这样加工过就会加深印象。

写完作业后、晚上躺在床上睡觉前，我们再回忆一下，今天的作业里涉及了哪些知识点，然后脑子里过一遍。

第二天早晨，我们醒来后但尚未起床时，脑子里先回想一下，昨天学了些什么。

相关记忆法

相关记忆法就是把相关的东西放在一起记忆。

用相关记忆法记汉字

> 找找下面的字有什么关联?
> 口、日、中、田、甲、由

在学习汉字时,我们可以用到相关记忆法。比如,一个"口","口"字里加上一横会变成什么呢?变成"日";加一竖呢?变成中国的"中";如果在"口"字里加一横一竖呢?变成"田";如果把这一竖再延长一点儿,那又变成哪个字呢?当我们把这一竖往下延长，就是"甲"；往上延长就变成了理由的"由"。

从上面这个例子中可知，字和字之间是有联系的。

当我们把字和字之间建立联系时，我们可以更容易地记忆这些字。如果把易混淆的字放在一起，也更容易辨识它。

用相关记忆法辨析汉字

下面这三个字有着不同的偏旁，不同的偏旁分别代表什么含义？

抄、沙、秒

字典里有很多偏旁不同的形似字，我们可以通过不同的偏旁推测出这个字的大概意思。

比如，抄、沙、秒三个字，提手旁的是"抄"，因为抄这个动作要用手，所以是提手旁。

如果是三点水，它就变成沙子的"沙"，因为沙滩在水边。

如果左边是禾，那就是"秒"。大家会觉得很奇怪，禾字旁一般与庄稼有关，"秒"为什么是禾字旁呢？"秒"的原意是指稻穗上的细芒，自然与庄稼有关。另外，我们的节气就是围绕种庄稼这件事来的。

汉字是象形字，你可以和孩子一起探索字的结构。这个探索的过程也非常有趣。

小学语文考试时，出题老师通常会给出两个词组，其中一个词组中有一个别字，让你选正确的词组。如果我们在记忆的时候进行了辨析，基本就不会出错。

用相关记忆法辨析面积公式

请描述下面的公式之间有什么关系。

长方形的面积 = 长 × 宽　$S=ab$

正方形的面积 = 边长的平方　$S=a^2$

三角形的面积 = 底 × 高 ÷ 2

$S= \frac{1}{2} \times ah$

平行四边形的面积 = 底 × 高

$S=ah$

梯形的面积 = （上底 + 下底）× 高 ÷ 2

$S= (a+b) \times h \div 2$

其实不光语文学习可以用到相关记忆法,数学学习也可以用到相关记忆法。

比如面积公式,长方形的面积是什么?长乘宽。

正方形的面积呢?边长的平方,其实它也是长乘宽,因为长和宽一样,所以就变成了一条边的平方。

那三角形呢?三角形是长方形的一半,那就是长方形的面积除以2。

平行四边形的面积呢?其实它跟长方形一样,只是它有两条边是斜的,就变成了底乘高。

那梯形的面积呢?其实两个相同的梯形,把其中一个翻个身,拼在一起就变成了平行四边形,所以它的面积就变成了上底加下底的和乘高。这样算出来后是两个梯形的面积,把这个结果除以2,那就是其中一个梯形的面积。

只要把这些图形放在一起比对,我们就很容易理解面积公式,理解后再用的时候就不会出错。

如果我们不去理解和对比,就容易记错公式。

关键词记忆法

关键词记忆法，顾名思义，就是去找关键词，记关键词。

童话故事的记忆法

比如，下面这样一篇文章你会怎么背呢？

从前，孔雀在森林里举办了一场"比美会"。

"比美会"的前一天晚上，孔雀就通知"比美会"的选手到比美现场开会。孔雀说："亲爱的选手们，明天你们就要开始比美了，一定要早起哦！"孔雀说完，玫瑰花、郁金香和水仙花就异口同声地说："迟到的就自动取消资格！""是的，选手们请记住哦！"孔雀说。会议结束以后，大家都记着这句话。

第二天，玫瑰花身穿华丽的长袍，最早到达比赛场地，接着是水仙花。很快，选手们都到齐了，只有郁金香还没来，孔雀觉得很奇怪。

这时，郁金香满头大汗地跑进比美现场，玫瑰花骄傲地说："看看谁来了，一朵乡村花来了！大家快来看！孔雀，你可以取消她的资格了。"孔雀连忙问："郁金香，你为什么迟到了？"郁金香说："我刚才看见一朵花宝宝掉到小河里了，我好不容易才把它捞起来。"

听了郁金香的话，孔雀当场宣布郁金香最美，比赛现场响起了一阵掌声，一旁的玫瑰花害羞地低下了头。

这个故事告诉我们：心灵美的人才是最美的！

要背这篇文章，我们先在文中提取关键词，那关键词应该包括什么呢？

谁、在哪里、什么时间、做了什么、其他参与者有哪些、意外是什么、最后的结果是什么。

好，我们就带着这些关键词，来看看这篇文章。

请你把这些关键词在文中画出来。

谁：孔雀

在哪里：在森林里

什么时间：从前

做了什么：举办了一场比美会

其他参与者有哪些：玫瑰花、郁金香、水仙花

意外是什么：玫瑰花、水仙花都来了，郁金香迟到了，因为她救了一朵花宝宝

最后的结果是什么：心灵美的人才是最美的

这么一梳理，故事的框架就记住了。

接下来我们再根据时间线展开来记："比美会"的前一天晚上，孔雀做了什么？说了什么？其他人怎么回应的？第二天，玫瑰花怎样来的，水仙花怎样来的，郁金香又怎样来的。

在家里，家长可以和孩子你一句我一句地讨论，把细节的部分进行加工，整个故事就记住了。

动物类文章记忆法

请你和孩子用关键词法快速背诵下面这篇文章。

一身乌黑光亮的羽毛，一对俊俏轻快的翅膀，加上剪刀似的尾巴，凑成了活泼机灵的小燕子。

才下过几阵蒙蒙的细雨。微风吹拂着千万条才展

开带黄色的嫩叶的柳丝。青的草,绿的叶,各色鲜艳的花,都像赶集似的聚拢过来,形成了光彩夺目的春天。小燕子从南方赶来,为春光增添了许多生机。

在微风中,在阳光中,燕子斜着身子在天空中掠过,唧唧地叫着,有的由这边的稻田上,一转眼飞到了那边的柳树下边;有的横掠过湖面,尾尖偶尔沾了一下水面,就看到波纹一圈一圈地荡漾开去。

几对燕子飞倦了,落在电线上。蓝蓝的天空,电杆之间连着几痕细线,多么像五线谱啊,停着的燕子成了音符,谱出一支正待演奏的春天的赞歌。

这是一篇描写动物的文章,你会选取什么关键词呢?

第一段写了外表、羽毛、翅膀、尾巴,最后结论:这是小燕子。

我们抓住这4个关键词来想一想。

羽毛是怎样的? 乌黑光亮的羽毛。

翅膀是怎样的? 一对俊俏轻快的翅膀。

尾巴是怎样的? 加上剪刀似的尾巴,凑成了活泼机灵的小燕子。

第二段有什么关键词呢?

细雨、微风、柳丝、草、叶、花、赶集、春天、南方、春光。

然后我们再在关键词前加形容词。

什么样的细雨？蒙蒙的细雨。

谁来了？微风。

微风干什么了？吹拂着千万条才展开带黄色嫩叶的柳丝。你一想到柳丝，就会知道柳丝是一条一条垂下来的。柳丝刚刚冒出来时嫩叶是黄色的。

还有什么？青的草，绿的叶，各色鲜艳的花，都像赶集似的聚拢过来。城市的孩子大概不知道什么是赶集，你可以给孩子解释一下，给他看看赶集的图片。

这些现象组成了光彩夺目的春天。

然后小燕子从南方赶来，赶来干什么呢？为春光增添了许多生机。

在记关键词然后展开的过程中，家长可以和孩子互动，想想关键词是什么，你说一个关键词，我说一下这是怎么描写的，这个过程是非常有趣的。

情景记忆法

情景记忆法就是指当你看到一段文字时,你要想象那个场景是怎样的,脑子里形成一个画面。在背古诗时我常常会用到这个方法,因为古诗大多写得很有画面感。

用情景记忆法背古诗

看看下面这首诗:

月落乌啼霜满天,江枫渔火对愁眠。

姑苏城外寒山寺,夜半钟声到客船。

当看到这首诗的时候,你脑子里会出现怎样的画面?

"月落乌啼霜满天",月亮挂在天上,乌鸦在空中啼叫；霜满天，不是指天上有霜，而是指漫山遍野都是霜。

"江枫渔火对愁眠"，诗人睡不着，船上就点着灯。

"姑苏城外寒山寺"，船在哪里呢？在姑苏城的外面，寒山寺的旁边。

"夜半钟声到客船"，半夜的时候听到了从寺里传来的钟声，你觉得这是一种什么样的心境呢？

当我们记住这个场景的时候，顺着这个场景，你就能想起诗中的每一句。

如果孩子擅长画画，你可以鼓励他把脑子里出现的场景画下来。让文字变成图像，会更容易记下来。

对于这首诗，我们还可以跟孩子继续探讨。

为什么作者写了这样一首诗，他经历了什么？

姑苏是现在的什么地方？

姑苏在地图上的什么位置，属于哪个省，这个省的省会是哪个城市？你去过吗？

你看，有些诗里涉及了历史、地理的很多知识，读完后去做深入探讨，就会有更大的收获。

因为死记硬背下来一首诗不是目的，我们的目的是理解这首诗是怎么来的，作者通过这首诗要表达他怎样的心情。我们要对所有的知识始终保持好奇心。

日常学习中渗透人文精神培养

再延伸一下,我们学习的目的是激发与保持好奇心,拓宽视野,而不是单纯为了好成绩和应付学校的考试。

如果孩子还在上小学,对于一些学习内容,家长可以和孩子一起探索和交流。

就像前面列出的古诗,除了背诵之外,通过探索和交流,家长还可以引导孩子对历史、地理产生兴趣,培养孩子的同理心和人文精神。

一个孩子如果通过学习对人和环境有了更深层的认识,就不容易走向偏激。一个人的内心越宽广、越丰富的时候,心理就会越健康。这才是学习的真正意义。

当一个孩子的心里装着这个世界的时候,他的学习也不会差到哪里去。因为他知道,学习会让他眼前呈现出不同的世界,这个世界是跨越时间与空间的。

多感官记忆法

顺着情景记忆法往下讲，第四个方法就叫多感官记忆法。

正如前面讲的，你看到这首诗后在脑海里想象它的画面，最后把脑海中想象出来的画面画下来，就相当于再次对它进行了加工。用手画，又用到了手这个器官，这是多感官参与了记忆活动。

当然，你也可以把它写下来。说的时候我们用的是听觉，写的时候用的是视觉、动觉。

当这几个感觉器官同时使用的时候，我们每一个器官都在注意这件事情。

当我们在这个目标上投入的注意力越多，我们就越容易把它记住。

变形记忆法

以我个人的经验,这个方法最适用于背历史、地理知识点,因为这些学科里时间、人名、地名太多了,很容易记混。然后我就想办法找谐音,把一些知识点改成一个特别有趣的句子来记忆。

举个记历史知识点的例子。

1127年,靖康之变,北宋灭亡,南宋开始。我把"1127"变形为"依依而弃",这是数字的谐音,而这个谐音也与事件有关系。靖康之变中,北宋皇帝被俘,望着自己的国都,依依不舍而弃。

又如,背英文单词。

当然,学过自然拼读的孩子会知道单词可以拼读,但如果自然拼读学得不好,就不妨用用这种方法。

比如：gloom（忧郁），我把它变形一下，gloo 变成 9100，m 是米的单位，我就记：老师让我跑 9100 米，我很忧郁。

> **父母可以这样做**
> 在变形记忆法里，数字可以变成文字，英文也可以变成数字，大家可以在实践中与孩子一起去找这样的方法。

拆分记忆法

这个方法我常用在记英文单词上。

比如，blackboard，black是黑色的，board是板、黑板。

Understand，under是在下面，stand是站着，然后自己加一个联想，比如，在下面站着，把自己位置放低，容易理解别人。

这其实与英语的构词法有关，感兴趣的朋友可以学习和研究一下。

游戏记忆法

这个方法没有固定的方式，你可以和孩子一起找到很多种游戏的方式。

举个例子，我女儿在小学时参加过一次英语演讲。这个演讲对孩子的词汇量要求很高，于是我经常陪着孩子一起背单词。

我们两个背单词用的是考试教材里的单词卡。每个单词都有一张像扑克牌的卡，上面有单词、音标，还有图片。

我们俩就创造了一个游戏，每天拿着这个单词卡像打扑克一样玩。怎么玩呢？就是一个人出牌，另一个要出跟这张牌面上单词意思相似的牌。如果没有这种牌，那就出一张第一个字母一样的牌。

比如，女儿出一张 elevator，中文意思是扶梯，那我接下来应该出哪张牌呢？我需要出一张跟"扶梯"意思差不多的牌，于是我出了 lift，它的中文意思是直梯，和扶梯相似，但又不一样。

我们出牌的时候，还需要念这个单词，同时说出它们的区别。这样，我们就牢牢地记住了这些单词。

如果我出了某张牌后，女儿手里没有跟这张意思相似的牌了，她就可以出一张首字母一样的牌。那就是当我出一张写着"leave"的牌，她就出一张写着"long"的牌。

这种游戏方式让记忆的过程变得非常有趣，而且在这个过程中，女儿很轻松地记住了单词。

> **父母可以这样做**
>
> 最关键的是，要记住这是游戏，你一定要抱着玩的心态陪伴孩子。此时，你就是他的一个玩伴，你们一起来玩游戏，这是非常愉快的事情。

你们一起享受这个过程,而学习又给他带来愉悦,这在心理上是非常有意义的。

以上方法都是我个人的经验,家长朋友们可以在和孩子的互动中,创造出更多、更有趣的方法,一起享受学习的乐趣。相信你们会创造更多的方法。

本章重点

❶ 大多数长时记忆也可能会被遗忘，不过，这种遗忘的信息在适当条件下是可以再现的。

❷ 艾宾浩斯遗忘曲线讲的是遗忘过程是先快后慢的。

❸ 学完后应该赶紧复习。

第六章

想象力与创造力，帮助孩子快乐学习

想象力与创造力有什么区别?

想象力是指人们在已有形象的基础上,在头脑中创造出新形象的能力。

创造力是指产生新思想、新发现和创造新事物的能力。它是成功地完成某种创造性活动所必需的心理品质。

想象力是指每个人都可以有各种奇奇怪怪的想法和天马行空的思考,而不必实现。

创造力则要求人有能力把想象出来的东西变成实际可操作的、可以创造出来的事物。

如果只有想象力而不付诸行动,那就会变成空想家。

注重培养孩子的想象力与创造力

与想象力有关的因素

想象力与形象思维有关。

6岁之前的儿童处在一个形象思维的阶段，这告诉我们，当我们要发展一个孩子的想象力的时候，6岁之前是非常关键的阶段。

我经常听到一些家长在对很小的孩子讲很抽象的道理。其实这样做常常得不到好的效果。因为6岁之前的孩子是不太能理解大道理的。

对于6岁之前的孩子，如果我们想让他明白该怎么做的时候，给他讲故事就好了，因为故事很形象，有画面感、场景感。当他听故事的时候，他自然会知道要怎么去做。

与创造力有关的因素

当提到创造力的时候，你会想到什么呢？

创造力就是不按照常规思维去想问题，也就是说，我们要跳出盒子思考。

我给大家讲一个包公断案的故事。

有一天，公堂上来了两个妇女，分别是刘家媳妇和李家媳妇。她们带着一个婴儿，都说这个孩子是自家孩子，但谁都拿不出确凿的证据。

如果你是包公，你会怎样做呢？

A 听每个人讲完故事，再做决定。
B 看谁长得更像婴儿的妈妈，就判给谁。
C 抓阄。
D 其他。

我们一起来看看包公用了什么方法。

包公不想采用寻常的解决方法，于是打破常规，采用有创意的解决方法，说："你们在大堂上抢孩子吧，谁抢到了孩子，孩子就归谁。"

两个妇女开始抢孩子，一人拽孩子一只小胳膊，刚一用劲儿孩子就大声哭叫，刘家媳妇马上松了手，孩子被李家媳妇抢了去。

这时，包公惊堂木一拍，说："大胆李氏，你偷刘家孩子，还不从实招来。"

包公见大家带着疑惑的目光看着他，解释道："你们想一想，一个多月的孩子，嫩骨头嫩肉的，他的亲妈能舍得使劲儿拽吗？所以，使劲儿抢去孩子的妈妈一定不是亲妈。"

眼见着包公断事如神，李家媳妇只得说："我认罪，孩子是我偷的。"

这就是跳出盒子思考的一个经典例子。

另外，创造力与发散性思维有关。

大家都知道，在企业工作中，人们有时会用到头脑风暴，这种方式就是鼓励发散性思维。想到什么就把什么说出来，不评价，鼓励大家贡献更多的点子，最后自然会形成一些行动的新思路与新方式。

想象力和形象思维有关，创造力和发散性思维有关，与不按常规思考问题有关。

第一种态度：学会尊重孩子

我们在家庭教育中怎样才能激发孩子的想象力和创造力呢？首先要考量的是家长对待孩子行为的态度。

有一年，我跟着一个绘画培训班观察儿童的行为与绘画。

这个班上有一个小姑娘，她是一个比较内向的孩子，不怎么说话，但是每节课她都很认真地在画。

有一次，绘画的主题是花瓶，她很用心地画了一个有着各种颜色、各种花纹的花瓶，而且还在花瓶上画上了花。

我夸她画得真好，她也很开心。

一下课，她兴冲冲地跑出去，向外面等她的外公

> **父母可以这样做**
>
> 如果我们想要保护孩子的想象力与创造力，就要学会尊重并倾听孩子的每一个想法，尊重他的每一幅作品。

展示自己的画，满脸期待。然而我听到了外公说："你这个花瓶下面都是歪的，这怎么能放得稳呢？"

小姑娘眼里的光芒瞬间没了，小脸一下拉了下来。

这个场景我印象特别深，好多孩子眼里的光和心里的光大概就是这样一点点消失的。

尽管孩子的一些想法和作品在成年人看来很幼稚，但是我们要知道，不被常规局限，相信有无限的可能，这就是想象力和创造力的土壤。

在行为上，我们要认真地倾听孩子的话，这样你才能够真的"看见"孩子。

在上面这个例子中，如果外公这时问孩子："你给外公讲一讲，设计这个花瓶时有什么想法？"结果肯定就完全不一样了。

另外，孩子在 5 岁左右的时候会有很多问题，每天都会问"为什么"。这时的他们对世界充满了好奇，而这种好奇常常会推动他们的想象力与创造力发展，所以，我们不要觉得他们每天问"为什么"很烦。

我们如果认真对待孩子的提问，这种态度会让孩子感觉到他想的、说的事情都很重要，这种感觉会让孩子的思考持续下去。

黑柳彻子在《窗边的小豆豆》这本书中写了自己真实的经历。当年她因为淘气被学校退学以后，来到了巴学园。在这里，她遇到了小林校长。其中有一段故事讲的是她和小林校长第一次相遇。那次见面时，她一直在讲自己脑子里的奇思妙想，小林校长就在那里耐心地听了 4 小时。

我看到这个细节的时候，被深深地触动了。我看到了一位对孩子神奇的内心世界充满好奇又无比尊重的教育者，这是真正的教育者。

正是在小林校长的影响下，一般人眼里"怪怪"的小豆豆最后成了一名有着各种创意的主持人。

第二种态度：要克制参与

家长要克制参与，克制自己时刻想帮忙的冲动。在游戏中或在学习中，只要孩子不求助，我们就不去主动帮忙。

同时，家长需要有一定的容忍度，给予孩子一个自由探索的空间。

因为当你一插手帮他，他就不再是自由创作。这个时候，你的思路会开始影响他，他也会跟着你的思路走，或者他会觉得自己想的东西什么也不是，跟爸爸妈妈做出来的东西差太多了，这会给他带来挫败感。

那些被允许自由创造的孩子，往往会变成有自由创造力的成年人，而那些在游戏中受到打击或者被控

父母千万不要这么做:孩子在玩游戏和学习时,即使做得不好,也是他在独立探索,此时家长千万**不要**心急地去插手帮忙。

制的孩子往往会成为怀疑自己直觉的人,重新恢复自信需要较长时间的努力。

第三种态度：鼓励孩子自由创作

孩子自由创作时，家长要记得不要去评价和打扰他。

赞美会让孩子过于追求被赞美，而忘了创作的初衷。

否定常常让孩子感受挫败，最后孩子可能会放弃继续创作。

一定要记住，对话是为了了解孩子。成年人与儿童的对话是围绕了解对方的想法与感受而展开的。其实孩子不需要一个成年人自以为是的评价。

从无到有法

以绘画为例,我们可以让孩子用绘画去表达他脑子里的想法和观察到的事物。

> **小测试**
>
> 小朋友画了一条线,说这是一条蛇,你会怎么做?
>
> Ⓐ 告诉孩子,这不是蛇,这是线。
> Ⓑ 给孩子示范蛇怎么画。
> Ⓒ 和孩子讨论这条蛇在做什么。

如果我们鼓励创意,那就不要在意孩子画得像不像,而是要去了解他表达的是什么。

我们要记住，绘画是孩子表达的一种方式，他只要能用这个方式尽情地表达就好，不追求画得像，这样才会出现更多独特的、有创意的点子。

这个时候，我们要做的就是倾听，倾听他的故事，分享他的情绪。

除了绘画之外，家长还可以和孩子在一起剪纸，随便剪。

不要一开始就给孩子一些套路，说你一定要这样做，或者你一定要那样做。

我们只要给他剪刀，让他随意去创造，像不像都没有关系。

这主要是让孩子体验把想法变成行动，然后成为作品的过程，这就是一个创造的过程。

由点到面法

仍然以绘画为例,下面要介绍的这个方法叫作两笔绘画。

怎么画呢?

如果是你和孩子两个人一起画,那就准备一张纸,你可以先在纸上随意画一笔,比如画一条横线,然后让孩子在这条横线上再加一笔,形成一幅画。

比如,下页图是我在纸上先画了一条曲线,然后交给孩子,孩子加了一笔,形成了这样一幅画。

你看,这是什么?

当然,你们也可以反过来,孩子先随意画一笔,你来加笔画。

如果想要更好玩,第一个人画的时候可以闭上眼睛,随意一画,自己也不知道画的是什么,这会更有挑战。

当然,你也可以在第一个人画的时候,请第二个人闭上眼睛,这样对第二个人来讲,闭上眼睛的时候,脑海中充满了各种想象。

我们可以探索更多有创意的玩法,让整个过程充满各种不确定性,这样会促进我们发散性思维的发展。

由点到面法升级版

这类方法还可以跟编故事的方法结合起来玩。

比如,孩子有一只小兔子玩偶,他非常喜欢,那么我们就可以以小兔子为主角编故事。

我们可以先问孩子:"今天,小兔子会干什么呢?"然后让孩子继续往下编。

如果家里养了一只小猫,那么可以让孩子以小猫为主角来编一个故事。

我们还可以在开始编故事前搞个小仪式,吃完饭,坐在一起,把手机静音,然后说:"现在是我们的故事时间,今天,在我们的小猫身上发生了些什么有趣的事情呢?"

也许明天这个主角是一棵小树苗,后天是一朵小花,大后天是一片云彩,我们可以把身边的所有物品都编进故事里。

在编故事的过程中,我们可以让孩子自己编,也可以他编一段、我们编一段,这样变成了故事接龙,你常常会被故事发展的无限可能性所震撼。无论是对家长还是对孩子,这些都会成为未来非常美好的回忆。

当你这么做的时候,你也很自然地创造了一个亲子互动的空间,一个彼此对话的空间,给孩子一个机会,通过故事的隐喻来表达自己。

比如,孩子讲的是这只小猫今天发生了什么,它的开心或者不开心,那正是孩子内在的心理活动。

儿童会怎样处理内在心理活动呢?

儿童在3~6岁阶段,他们常常会有一个想象的朋友,这个朋友不是现实中的,只存在于他们的想象中,他可能是个人,也可能是动物或者其他一些事物。

在这个阶段,孩子会觉得所有物品都是有生命的。孩子有时候会和他想象中的朋友对话,这个朋友会陪伴他度过无法入睡的时候、难过的时候或者有心理冲突的时候。

有时候，我们可能会听到孩子自言自语，一问一答，这其实就是他在跟自己想象中的朋友对话，是正常的现象，我们不用去阻止。

当我们与孩子玩讲故事的游戏时，这就相当于我们把想象中的朋友邀请到了现实中。我们可以通过这些故事来表达自己，消化现实中的一些心理冲突，理解事情及自己的感受，并获得应对的方法。

父母千万不要这么做

3～6岁阶段的孩子常常会与自己想象中的朋友对话，此时家长**不要**阻止他，也**不要**干扰他。

由零件到整体法

搭积木就是典型的由零件到整体的例子。

比如，孩子可以用积木搭一座房子或者一所学校，总之，只要他们想，就会搭出很多东西。

重要的是，我们只需要提供零件。因为零件有组合的可能性，即便是同样的零件，也能组成不一样的整体。

比如黏土，孩子可以用不同颜色的黏土捏出一个新的东西，甚至可以混合颜色，把两种颜色的黏土混合在一起，看看会发生什么，然后用混合出来的新颜色做出一些他们想做的东西。

再如纽扣，我们把纽扣拼在一起，也许就可以拼成一朵花。

我在工作室里摆放着很多积木、黏土和各种小零件。我发现，来这里的孩子都能用这些东西做出一些我根本想象不到的东西，他们充满了创意。

要知道，当一个孩子开始恢复他的创造力时，他的心灵就会越来越丰富、越来越健康。

所以，我们千万不要嘲笑孩子们用幼稚的双手所做出来的东西。

也许你看不懂它是什么，但是在孩子的眼里，每一样东西都有独特的意义。我们要学会欣赏它们。

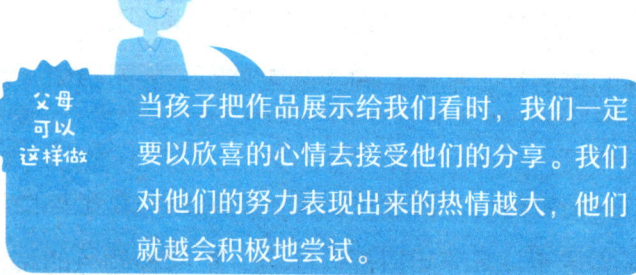

父母可以这样做

当孩子把作品展示给我们看时，我们一定要以欣喜的心情去接受他们的分享。我们对他们的努力表现出来的热情越大，他们就越会积极地尝试。

自由创作法

这种方法的名称不需要更多解释，你也能知道是怎样一种方法。

比如，孩子有时候会跟着音乐跳舞，这是一种即兴创作的舞蹈。

比如，孩子有时候会编一些曲子自己哼唱，这是自发地去创作。

这些创作活动都是孩子想象力与创造力的一种体现。

还有一种常见的自由创作活动叫角色扮演，当我们看完电影后回到家，我们可以把电影情节继续演绎下去。

比如看完《冰雪奇缘》，一个人扮爱莎公主，另一个人扮安娜公主,还有一个人可以扮小雪人,然后你们看看接下来会发生什么。这也是非常有趣的事情,可以邀请全家人都来参与。

我女儿曾经跟我分享过,她小时候经常会把自己想象成某个故事里的角色。

比如看完电影,她就把自己想象成电影里的某个角色;看完一本书,她就把自己想象成书里的某个角色,然后在想象中继续展开这个故事。

其实,我小时候也会这样,那时候我特别热衷于看武侠小说,我经常把自己想象成一个侠女,仗剑走天涯。我相信一定有很多家长跟我有着同样的经历,这些其实都是一种角色扮演。

看书和看电影后的这种角色扮演有时虽然只存在想象中,我们也不一定会和别人分享,但它仍然有着特别的意义。

因为这个想象的空间给了我们一个心理的缓冲,弥补了我们在现实中不能实现的梦想和不能做的事情带来的遗憾。

比如,小女孩常常把自己想象成小公主,小男孩常常把自己想象成小英雄。

当现实让我们不太满意的时候，我们就会躲到自己的想象世界里，那里是我们心灵的港湾。这些想象的游戏保护了我们的心灵，让我们能够在这里得到修复，继续有力量面对现实的世界。

小练习

跟孩子一起找个故事，进行角色扮演，把故事继续演绎下去。

变废为宝法

这个方法在今天的生活中用得很少,因为我们已经不再处于物质匮乏的时代,节约意识淡薄了。什么东西坏了、过期了,我们习惯于随手一扔来解决问题。

> **小练习**
>
> 请你和孩子一起想一想,下面这些东西可以用来做什么?
>
> 1. 小了的牛仔裤
> 2. 买鸡蛋时装鸡蛋的篮子
> 3. 空的可乐瓶子
> 4. 一根树枝

但是这个变废为宝的方法除了节约的意义之外，还可以训练我们的创意。

创意其实大多来源于生活，而生活里的创意也常常是通过"变废为宝"这些事情来实现的。

比如小了的牛仔裤，我们可以把它改成一个小包。

买鸡蛋时装鸡蛋的篮子，我们可以在里边放个花盆，撒上土，然后种上花，把它挂起来。

空的可乐瓶子，我们可以把它剪一剪，然后拴根绳子，它就变成了储物的东西。

外面捡来的一根树枝，我们可以把它加工成一个挂衣服的挂钩。

当我们和孩子一起去做这些事情的时候，我们就打开了他看待事物的眼界，他会知道，其实同一个事物有多种用处，这本身就跳出了固有思维。

只要展开想象，每一样东西都充满无限的可能性，就像我们的生活一样。通过做这些事情，我们从小就给孩子种下了环保的理念——物尽其用。

有的家长苦于找不到方法来训练孩子的想象力和创造力。事实上，这些能力都可以在生活中训练出来。

比如，家长可以主动邀请孩子参与家庭事务的讨论与实践，这不仅可以打开孩子的思路，还可以培养和发展他的创造力。

只要你静下心来与孩子待在一起，不去刻意追求效果、目的和效率，允许孩子去做一些看起来没用的事情，这个过程就可以培养孩子的想象力与创造力。

本章重点

❶ 想象力和形象思维有关，创造力和发散思维有关，与不按常规思考问题有关。

❷ 如果想保护孩子的想象力与创造力，就要学会尊重并倾听孩子的每一个想法，尊重他的每一幅作品。

❸ 一定要记住，对话是为了了解孩子，成年人与儿童的对话是围绕了解对方的是非观念感受而展开的。

❹ 孩子不需要一个成年人自以为是的评价。

第七章

逻辑思维能力，
帮助孩子科学
学习

加强左脑训练，提升逻辑思维能力

很多家长说，孩子的数理逻辑思维不太好，导致学习中遇到很多阻碍。我该怎么帮助他呢？

上一章我们提到了培养想象力与创造力，其中最重要的是跳出盒子思考，训练发散性思维。

思维究竟是什么？是如何产生且运转的？

思维的运作与我们的大脑工作有关。

发散性思维属于我们大脑右半球的工作。

右脑善于想象，艺术思维强，擅长管理非语言表达，所以右脑思维通常被认为是"散光"思考。

当我们需要回忆一个人的长相，欣赏音乐或者做白日梦时，我们就是在动用右脑。

而逻辑思维属于我们左脑负责的领域。

左脑善于分析，进行线性思考，比较理性，负责管理语言表达，所以左脑思考通常属于"聚光"思考。

左脑控制我们的分析、科学、逻辑、数学和语言学习行为。

当我们进行数学运算，记住姓名和日期，或者设定目标的时候，我们就会使用到左脑。

了解孩子认知发展阶段

> **小测试**
>
> 逻辑思维能力具体包括什么呢？
>
> Ⓐ 分类
>
> Ⓑ 归纳
>
> Ⓒ 演绎
>
> Ⓓ 推理
>
> Ⓔ 假设
>
> Ⓕ 判断
>
> Ⓖ 论证
>
> Ⓗ 以上都属于逻辑思维能力

正确答案是 H。

儿童逻辑思维能力的发展与认知能力发展有关。

儿童认知发展的大部分理论都来自瑞士心理学家皮亚杰提出的儿童认知发展理论。

该理论将儿童的认知发展分为 4 个阶段。

第一个阶段：感知运动阶段

从孩子出生到 2 岁，这一阶段可以称作感知运动阶段。

顾名思义，儿童在这个阶段思维的发展是靠感觉和知觉。也就是说，孩子是靠他的身体，通过眼睛、鼻子、嘴巴、皮肤等各种感官来认知这个世界的。

所以，我们常常看到孩子无论拿到什么东西都会先放进嘴里啃啃，来感觉一下这个东西的形状、质感和味道。

这个阶段的孩子发展出了某些特定的能力，比如模仿。他会模仿父母，也会模仿他周围的其他人。

通过感知觉去认知周围的世界，是这个阶段的特点，这个阶段儿童的逻辑思维能力还没有发展出来。

第二个阶段：前运算阶段

前运算阶段是指 2～7 岁这个年龄段。

处于前运算阶段的儿童发展出了分类的能力，可以对人和事件进行有意义的分类。他们能够理解因果关系，认识到事件是有其原因的，能够数数和处理数量之间的关系。

家长朋友们可以回想一下，自己的孩子是不是在这个阶段就开始认识数了，而且可以做加减法。

但是这个阶段的孩子依然会有一些思维的局限，比如，以自我为中心，思维呈现泛灵论的特征，他们会认为一切事物都是有生命的。

此外，孩子有时候很难区分事情的表象和本质，比如，孩子有可能把一块像石头的海绵和真正的石头搞混，他可能会觉得它看起来像一块石头，所以就认为它是石头。

同样，在这个阶段，虽然孩子知道了因果，但是他不能进行归纳或演绎推理，很难理解导致结果的真正原因是什么，而是容易从一件事情跳到另一件事情，从中看到并不存在的因果关系。

比如，一个小姑娘对她的弟弟很生气，结果后来弟弟生病了，这个孩子就会觉得是自己生气导致弟弟生病了。成年人却知道，这两件事情并不存在因果关系。

在2～7岁这个阶段，孩子经常会把父母吵架归因在自己身上。也就是说，他知道父母吵架是有原因的，但他没有能力从父母的个体发展角度去看这件事情，他找了一个原因就是"我不好，所以他们才吵架"。

这是我们一直强调家庭和睦、夫妻关系和谐的原因，同时也是孩子心理健康的重要前提。

这个阶段的孩子依然没有发展出很好的逻辑思维能力。因此，这里要纠正大家一个错误的认知，逻辑思维并不是培养得越早越好，而是要符合儿童发展的规律。

2～7岁是孩子形象思维的重要发展阶段，所以，此时培养他的想象力和创造力可能会更容易一点儿。

第三个阶段：具体运算阶段

那么，在什么时候开始培养逻辑思维更为合适呢？当孩子处于7～12岁的具体运算阶段时，训练逻辑思维是非常有效的。

在这个阶段，孩子开始发展出空间思维的能力。

比如，孩子可以用地图或者模型来帮助自己寻找某个被藏起来的物体，并能够为他人找到物体提供指导，这是一种空间思维的能力。

同时，孩子对因果关系也有了更精准的理解。

比如，孩子会知道，弟弟生病了，是因为弟弟昨天乱吃了东西，而不是因为自己对弟弟生过气。

最重要的是，在这个阶段，孩子的分类能力得到了很大发展，这有助于孩子进行逻辑思维推理。

分类包含一系列相对复杂的能力，例如系列化、传递性推理、类包含等。

◆ 什么是系列化

分类能力在儿童早期和中期逐渐发展，当儿童可以依据长度（从最短到最长）或者颜色（从最浅到最深）的一个或多个维度将某些物体排成一列时，这就表明他们理解了系列化。

◆ 什么是传递性推理

传递性推理是根据两个物体各自与第三个物体之

间的关系来推理二者关系的能力。

比如，给孩子三根小棍，一根黄色、一根绿色、一根蓝色，给他演示黄色的小棍比绿色的长，绿色的小棍比蓝色的长，不用实际比较黄色和蓝色小棍，他马上就能说出黄色的小棍比蓝色的长，这就表明他有了传递性推理能力。

◆ 什么是类包含

类包含是一种理解整体和部分关系的能力。

比如，花包括玫瑰，也包括月季，这就是整体和部分。

如果一束花里既有玫瑰又有月季，那么此时说的花是指什么呢？这里说的花是指整体。玫瑰是什么呢？玫瑰是这个整体中的一部分。

◆ 什么是归纳和演绎推理

在这个阶段，孩子开始学习归纳推理，他们可以观察某一类人、物体或事件中的特定个体，逐渐得出关于整个类别的一般结论，这就是归纳。

比如，我的狗会叫，小丽和小强的狗也会叫，这样看起来似乎所有的狗都会叫。

与归纳推理相对的是演绎推理,演绎推理指知道这一类是怎样,然后将知道的内容推广到这一类别的具体个体中去。

比如,所有的狗都会叫,点点是一只狗,那么点点也会叫,这就叫演绎推理。

这些认知特点在小学数学学习中也会反映出来,你会发现教材中有对应的题。因为学校课程也是根据儿童发展特点去编排的。

所以,我们只要看孩子们的数学学到哪里了,就能够知道孩子们的逻辑思维能力发展到了什么程度。

这个阶段的孩子开始对数学有更多的了解,也能够更加熟练地解决简单的应用题,同时开始有了守恒的概念。

比如,两个一样的黏土球,把其中一个揉成长条形的,虽然这个长条形的看上去更长,但是这个阶段的孩子会知道,它们用的黏土是一样多的。而前一个阶段的孩子就会被表象迷惑,他可能会认为长条的这个使用黏土会更多。

同时他们也发现,长条的黏土还可以再次变回圆形，这就是儿童思维中的可逆性。

在这个阶段，孩子的思维非常具体，与特定情境的联系非常紧密，以至于他们很难从已经习得的一种类型迁移到其他类型。所以皮亚杰把它定义为具体运算阶段。

第四个阶段：形式运算阶段

在青春期的时候，孩子进入认知发展的最高水平，这个阶段被皮亚杰称作形式运算阶段。

这一阶段通常发生在 11 岁左右。此时，青少年开始使用一种全新的、更灵活的方式处理信息，他们的思维不再局限于此时此地，而是可以理解历史时间和宇宙空间，他们可以利用一种符号标记另一种符号。

比如，用 x 代表一个未知数，从而能够学习代数和微积分；

能够更好地理解隐喻，从而能够挖掘文学作品更深刻的内涵；

能够形成假设，然后去检验这个假设。

正如我们前面提到的，学校开设的课程，无论是数学、物理还是化学，都是根据儿童思维发展的规律来编排内容的。

比如，能量转换守恒，出现在初中和高中物理课本上；假设证明的几何题，会出现在初中和高中的数学里。

我们在培养孩子的逻辑思维能力时，应当遵循儿童的发展规律，不要揠苗助长。

如果在他正常的发展年龄段内，你给他安排了超出思维能力的练习，一则他理解不了，二则他会学得很吃力，三则他会对这些东西失去兴趣，所以这样做并不是一件好事。

当然，儿童的认知发展也会有个体的差异，有些

> 父母可以这样做
> - 遵循儿童的发展规律来培养孩子的逻辑思维能力。
> - 父母要看到孩子的独特性。

孩子可能在某些方面的发展比大多数孩子更快一点儿，这就要求父母能够看到孩子的独特性，但不要以父母自身的主观意志去追求快速发展。

我在咨询中见过一些孩子，他们小学时学习特别好，一上初中就退步了，有些是因为学习方法的错误；有些就是小学超前学习，然后对什么都没兴趣了。

有时候孩子虽然学得早，但不一定能坚持到最后，也不一定到最后依然是学得最好的。学习是一生的事情，培养对学习的兴趣比成绩更重要。

培养分类能力

首先，发展逻辑思维的前提是孩子要有分类的能力。

怎样帮助孩子更快地形成分类的能力呢？

在生活中，我们可以和孩子进行下面的练习。

练习一：

请将以下食物按照类别划分：水果、蔬菜、肉、成品菜、蛋、半成品、水产海鲜、零食。

参考答案：

分类一：水果、蔬菜、肉、蛋、水产海鲜（根据食物的属性分类）。

分类二：零食、成品菜、半成品（根据食物呈现的状态分类)。

练习二:

当你和孩子走在马路上时,你可以让孩子观察大街上的汽车,然后让他对汽车进行分类,并想一想有哪些分类方法。

参考答案:

分类一:卡车、公交车、小汽车(根据车的功能分类)。

分类二:红色的车、黑色的车、白色的车、银色的车(根据车的颜色分类)。

分类三:奥迪、特斯拉、大众、奔驰(根据车的品牌分类)。

练习三:

带着孩子一起观察街道两边的房子,让孩子对房子进行分类,并想一想有哪些分类方法。

参考答案:

多层、高层、别墅、小平层。

这些练习都可以帮助孩子在生活中提高分类的

能力。

智慧常常来源于生活。我们一定要有这种认知：学习不仅发生在坐在教室的那些时刻，也发生在生活的每时每刻中。

因为生活的点点滴滴中都有学习机会，所以，你一定要舍得让孩子参与家务，让他去做一些事情，同时，在这个过程中，你还要和孩子保持沟通与交流。

在儿童2～6岁这个阶段，我们可以轻松地帮助孩子训练分类能力，当然也可以借助一些儿童杂志与书籍来进行分类的练习。

> **父母可以这样做**
> 这些训练对家长也有一定的要求，那就是放下手机，把注意力集中在与孩子的互动过程中。

发展归纳能力

归纳推理,是从个体现象推出普遍情况;演绎推理正好反过来,从普遍情况推出个体现象。

这里要注意归纳推理只能得出可能性的结论,但演绎推理得出的是必然性的结论。

因为个体永远都不能完全包含与代替整体,而整体却是完全拥有个体的。

当然,训练孩子的逻辑思维能力,你也可以买一些逻辑思维训练的书与孩子共同完成。

练习一:

卡车有轮子,公交车有轮子,小汽车有轮子。

结论是:(　　　　　　　　　)。

参考答案：

所有的汽车都有轮子。

练习二：

有轮子的是不是都是汽车呢？

参考答案：

不是，手推车就不是。

在我们的日常生活中，也有很多归纳推理得出来的生活智慧。

比如，老祖宗用了归纳推理的方法，总结自然规律，流传下来一些关于气象的谚语，告诉我们如何适应自然生活。

练习一：

请解释以下文字的意思。

1. 晚上火烧云，明天晒死人。

参考答案：

如果你在日落的时候看到天边的云彩就像被火烧过一样，明天一定是个大晴天。

2．一场春雨一场暖，一场秋雨一场寒。

参考答案：

立春以后，每下一场雨，天气就会变暖一点儿；立秋以后，每下一场雨，天气就会变冷一点儿。

3．日落天发黄，明日风必狂。

参考答案：

太阳落山的时候，天空变黄，明天一定会刮大风。

发展假设和验证能力

假设和验证的能力是逻辑思维能力的重要环节。

假设和验证也是计算机编程的基础,即"如果……则……"的逻辑关系。

当然,这也是我们日常生活中常见的逻辑思路,我们在分析一些事情的时候,经常会用到它。

如果你喜欢看侦探小说,一定对这个不陌生。

但是,我们在用"如果……则……"这个逻辑关系时,经常会犯一些逻辑错误。

比如,既然你这次考试成绩只有 70 分,那你一定没有好好学习。

这犯了一个什么错误呢?

这是犯了逻辑中的因果错误——我们随意把某件

事情的发生归因于其中的某个方面。

考了 70 分，那也不一定是因为他没有好好学习，也许 70 分在他们班就已经是最高分了呢。

下面有几个练习，试着做一下，找出其中的逻辑错误。

练习一：

读下面这句话，找出它的逻辑错误。

"你写作业这么拖拉，一定是态度不好。"

还有哪些可能性会导致孩子写作业拖拉呢？

答案：

态度不好，只是作业拖拉的一个原因。还有可能是作业太难做不出来；白天运动量太大，太累，导致注意力不能集中在写作业这件事情上。

练习二：

读下面这句话，找出它的逻辑错误。

"如果你考不上一所好的初中，你就不会有好的人生。"

答案：

非此即彼。

这个逻辑错误完全忽视了个体的主观能动性，以及个体随时都会发生改变的可能性。

另外，对好的人生的定义是什么？好的人生的主体是谁？谁有权力表明自己的人生是不是"好"的？

当然，还有其他逻辑错误，在这里就不展开了。

培养逻辑思维能力

> **小测试**
>
> 在辅导孩子写作业时,如果孩子跟你说这道题他不会做,你通常的做法是什么呢?
>
> **A** 你会详细地从头讲到尾。
>
> **B** 不管怎么样,先批评他上课没有认真听。
>
> **C** 先问孩子:你做到哪里不会了呢?把你的解题思路讲给我听听?然后看看怎样去解答孩子的困惑。

如果你选择 A,其实并没有了解清楚,孩子被卡在了哪个具体的知识点上,或者他的思考方式有什么行不通的地方。孩子自己很难分辨具体在哪个点上卡住了，这不利于孩子的深入思考。

如果你选择 B，那孩子可能以后就不会来问你了。

如果你选择 C，好处在于我们可以和孩子一起整理他的思路。

我们在陪孩子写作业的过程中，培养孩子的逻辑思维能力，一定要去听孩子的思路是怎样的，要理解他思考的途径，让这些在你的大脑里形成一条线索。

我们要去分析这条线索在哪里中断了或者在哪个地方跑偏了，然后帮助他把错误的地方、跑偏的地方、中断的地方一一修通。

在这个过程中，其实我们是在做一件事情，即帮助孩子看到自己的逻辑思路，看到自己的思维是怎样发展的。

这样才能帮助孩子清晰地理解自己的思考方式，辨析逻辑中细微的差异，确保真正掌握了知识点。

家长还可以把解题的思路画下来，帮助孩子掌握逻辑思路。

根据孩子的特质来训练能力

最后,我还要强调一下逻辑思维能力和想象力、创造力之间的区别。

逻辑思维是一种垂直思维,沿着一条线往下走,和左脑有关。

想象力和创造力是一种水平思维,是发散思维,和右脑有关。

有的人既期待自己的逻辑思维能力很强,也期待自己的想象力与创造力很强,这其实有点儿难度。

作为家长,我们最重要的任务是学会在生活中观察孩子,判断孩子是哪种心理类型,他可能更倾向于哪个方面,这样我们就可以加强培养哪个方面。

比如,如果是直觉情感型的孩子,那么他可能就更容易培养出想象力,我们要关注的就是如何让他的想象力变成现实。

如果是个思考型的孩子,那么他可能更容易培养出逻辑思维能力。

学习力是一个人整体的学习能力。

虽然我们在讨论的时候,把它分成各种能力一个个来讨论,但在现实生活中,它们常常是一起对人产生作用的。

培养一种能力,不是一天两天的事情,而是需要长年累月积累的。

在陪伴孩子发展这些能力的过程中,家长们不要着急,每个孩子都有自己的特点,他们在发展上存在不均衡性,这种不均衡性需要被尊重。

总的来讲,哪怕孩子的能力发展得再慢,只要孩子不会感到羞愧,这就是一种健康的发展。

期待各位读者能真正做到陪伴、等待,给孩子一个包容的空间,等待那颗种子慢慢发芽、成长。